群星
GREAT TALENTS

罗澍伟 主编

# 张伯苓

岳南 著

阅读天津
HOW TO READ TIANJIN

天津出版传媒集团
天津教育出版社

图书在版编目（CIP）数据

张伯苓：为师允公能 / 岳南著. -- 天津：天津教育出版社，2024.1
（阅读天津 / 罗澍伟主编. 群星）
ISBN 978-7-5309-9091-9

Ⅰ. ①张… Ⅱ. ①岳… Ⅲ. ①张伯苓（1876-1951）-传记 Ⅳ. ① K825.46

中国国家版本馆 CIP 数据核字 (2023) 第 235782 号

张伯苓：为师允公能

ZHANG BOLING: WEISHI YUN GONGNNENG

出　　版　天津教育出版社
出 版 人　黄　沛
地　　址　天津市和平区西康路 35 号
邮购电话　（022）23332417

策　　划　纪秀荣　王轶冰
责任编辑　袁　颖
装帧设计　世纪坐标　明轩文化
美术编辑　丁莘苡　汤　磊

印　　刷　天津海顺印业包装有限公司
经　　销　新华书店
开　　本　787 毫米 ×1092 毫米　1/32
印　　张　7.75
字　　数　60 千字
版次印次　2024 年 1 月第 1 版　第 1 次印刷
定　　价　60.00 元

阅读天津 · 群星

HOW TO READ TIANJIN

GREAT TALENTS

# 主编的话

罗澍伟

天津，群星璀璨，人才辈出，他们用炽热的生命，书写了这座城市的骄傲与自豪。

天津是中国北方最早和最大的沿海开放城市，惟其“早”，在中西文明的碰撞中，引领了潮流和时尚；惟其“大”，海河五大支流在此汇聚入海，滋养了这片培育精英的沃土。百余年来，这里涌现了一批打破时空维度，精神属于中国、才华属于世界的大师级人物。

“阅读天津”系列口袋书第二辑“群星”，恰似一幅近代天津历史与文化的人物画卷，读者可以从哲学、译学、新闻、实业、科学、文学、艺术等不同视角，品读这座城市，其中包括：

被赞为“中国西学第一者”的维新思想家严复，被誉为“世界第一之博学家”、著述等身的梁启超，“为酬素志育英才”的教育家张伯苓，“二十文章惊海内”的弘一法师李叔同，“化私为公”的实业家、藏书家周叔弢，“学识以强国、仁爱以育后”的化学家杨石先，一代话剧宗师、中国话剧奠基人曹禺，为数学研究鞠躬尽瘁的“整体微分几何之父”陈省身，“荷花淀派”创始人、“有风格的作家”孙犁，“江湖笑面写传奇”的相声表演艺术家马三立。

纵观他们的一生，有家国的高度，有民族的厚度，有地域的广度。他们把巅峰岁月中的生命磨砺之美，无保留地献给了天津。他们为实现中华民族伟大复兴做出奉献，用担当诠释大义。他们活出了自己的精彩，而且能够跨越时代，触动今人的心灵。他们的精神，穿透城市的晨雾与暮霭，有了他们，这座城市才有了完整的生命。

如今，时过境迁，斯人已去，但他们从未隐入历史的烟尘。他们在天津亲历了近现代中国的历史进程，奏响了人生的跌宕音符与精彩华章。他们的生命，早已融入天津的血脉，成为这座历史文化名城百年成长的标志与象征。

他们的人生，也留下了许多值得回味、令人深思的启迪：对一个人来说，重要的不是生命的长度，而是留在他人心目中的高度。

每个人都有灵性，每个人的生命之旅都是一个不断发现的过程，也是不断觉醒的过程。每个人的身上都蕴藏着改变的力量，才华只是激情与灵感的乍现。大凡找到人生意义的，都是英雄。最好的人生态度，就是发自心灵深处、对社会与生命的感悟；在追索人生深度的同时，找到属于自己的位置——既收获了奋斗的历程，又体验了人生的意义。

天津过往有无数“风流人物”，要使珍藏在时光里的历史切片一一再现，几乎是不可能的。“便将万管玲珑笔，难写瞿塘两岸山。”

在新的历史起点上，让我们奋力追赶历史上的“群星”吧！用海阔天空的想象力、迎难而上的践行力，拥抱更高更远的未来，为实现中华民族伟大复兴不懈奋斗！

（主编系著名历史文化学者、天津市社会科学院研究员、天津市文史研究馆馆员）

阅读天津 · 群星

# 回眸张伯苓

岳南

近年，张伯苓的名字又在学界、坊间不断被提及，此为时代的进步、民众的觉醒，也是国家民族之幸事。

张伯苓何许人也？20世纪40年代的著名学者、教育家胡适曾为其做过小传，说张伯苓“20岁就从事于教育，第一期学生不过5个人。1917年，他41岁，南开中学已有1000个学生。到了1936年，他60大寿的时候，南开大、中、小学共有学生3000名。1937年，天津校舍被毁于日军，其时他早已在重庆设立南渝中学，不到几年，学生增至1000多人，又成为全国首屈一指的中学”。

张伯苓青年时期就读于海军学校，参加过甲午海战，因目睹清政府腐败无能和帝国主义列强欺凌，深受刺激，遂立志办教育，以唤醒民众、振兴中华、抵御外侮。在半个世纪的岁月里，他筚路蓝缕、矢志不渝，由学馆到中学再到大学，培育弟子数以千万计，为国家民族振兴作出重大贡献。

张伯苓提倡“公”“能”教育，这是南

开教育的核心理念，也是一切教育训练活动的旨归，其目的是“培养学生爱国爱群之公德，与夫服务社会之能力”。南开最初是私立学校，全靠社会捐资而成，作为一校之长的张伯苓明确提出“私立非私有，为公不为私”；“能”，就是知识、技能、本领，这是学生必须学习掌握的。张伯苓还针对当时社会存在的“愚、弱、贫、散、私”五大积弊，在南开实行以“德、智、体、群”全面施教的教育方针，以造就堪当国家大任的栋梁之材。

1935年，在中华民族最危急的关头，张伯苓校长临危不惧，在南开大学的开学典礼上，满怀爱国豪情，以悲壮的姿态向学生提出了著名的“爱国三问”：你是中国人吗？你爱中国吗？你愿意中国好吗？这三问如雷电击穿乌云，震撼大地，长久回响在南开校园，此后亦振奋、激励着一代又一代南开学子乃至一代代中华儿女，爱国爱民，奋勇前行。

张伯苓，天津人，生于1876年，卒于1951年。去世后葬地几经反复，1979年终于实现生前遗愿，落叶归根，葬于南开校园。

# 南开校歌歌词

渤海之滨，白河之津，巍巍我南开精神。

汲汲骎骎，月异日新，发煌我前途无垠。

美哉大仁，智勇真纯，以铸以陶，文质彬彬。

渤海之滨，白河之津，巍巍我南开精神。

# 目录

CONTENTS


01

国帜三易
立志教育

1

02

汲汲骎骎
前途无垠

37

03

痛矫时弊
育才救国

65

04

允公允能
日新月异

119

05

坚毅刚卓
弦歌不辍

153

06

北归梦短
依依离别

195

后 记

229

# 01

# 国帜三易
# 立志教育

## 少年时代

今天，坐落在渤海之滨的天津南开大学，可谓声誉四海、光被世界。但知道这所学校是从一个仅有五名学生的私塾馆发展起来者并不多；这所学校的奠基人与开拓者严修、张伯苓创建学校之初的艰难历程，以及南开教育理念与“允公允能”精神，亦未被社会人士所广泛熟知。本书讲述的，正是张伯苓一生办学兴教、教育救国的励志故事。

据张氏家谱记载：张伯苓，名寿春，字伯苓，以字行，后来以“张伯苓”三字名闻天下。其祖上乃山东人士，原在大运河使楠木船往来南北，以贩运油粮为生，不知何年何月流落到天津卫，清朝中后期在城内开了一家叫作“协兴号”的粮行维持生活，经过几代人苦心经营，家道日渐兴旺发达起来。

张伯苓其父名云藻，字久庵，为独生子，且兼继承五门。久庵公自少年时代起即酷爱音乐，醉心骑射。及长，根据自己的喜好，遍访名师大腕儿，苦心向学，后来终有所成，各式乐器，弹拉吹打几乎无一不精，尤擅弹奏琵琶，名闻津门，江湖上人送外号“琵琶张”。

久庵公成名后，在天津城内设馆授徒，并以此为终生志业，曾一度举家落户天津宜兴埠，在当地大户、肄业于天津水师学堂、后来成为教育家的温世霖家族执教，张、温两家就此建立了深厚友谊，进而有了姻亲关系。许多年后，天津温氏家族后裔温家宝，以国务院总理的身份接受记者采访时说：“张伯苓先生是天津人，和我同乡，也是同村。”[1]指的就是这段家世因缘。而温家宝的爷爷温瀛士创办普育学校，就是深受前辈温世霖影响而亲身示范的一个成功案例。

张久庵年轻时娶胡氏为妻，未久胡氏病故，续娶杨氏，生下一女。清光绪丙子二年春清明日，即 1876 年 4 月 5 日，张伯苓诞生，时久庵公已 43 岁，算是老来得子，一家欢喜自不待言。更令张氏夫妇及家族长老们惊喜的是，此后四年内杨氏夫人又接连生了两位千金。张久庵 59 岁那年，"送子观音"再次光临张家，夫人杨氏又生下一个男孩，取名彭春，字仲述。张彭春的诞生，结束了家族中张久庵一支二世单传的历史。但是生逢乱世，张家家境比较贫寒，多少年之后，张伯苓回忆说："我本是出身于寒士家庭中的一个子弟，父亲是一个教书的先生，教书的和'穷'字向来不分家，所以同时我的母亲，还要用十指来帮忙她的丈夫，去接收一点外活来做做。我有两个妹妹，一位嫁了马千里，一位嫁了一个姓黄的。一个弟弟，那便是仲述。当然完全是一个旧家庭。"[2]

因张伯苓与张彭春在家族大排行中分别排第五和第九，社会中人便按天津风俗称他们为"五爷"和"九爷"。许多年后，张伯

张伯苓（后排左）与胞弟张彭春（后排右）及父亲张久庵（前排中）等合影

苓与张彭春兄弟在中国近代教育文化舞台上联袂登场，笑傲风云，演出了多姿多彩的一幕幕活剧，为世人所敬仰。

张伯苓 5 岁开蒙，由父亲教读四子书，进行严格的修身立志教育。那个时候，天下已越来越不太平，张久庵的事业开始走下坡路。对于这段往事，张伯苓回忆说："当余尚梳小辫时，先父曾有言，'人愈倒霉，愈当勤剃头、勤打扮'。这就是说总当洁净光滑，表示精神。"[3] 因久庵公教学水平高，名声在外，聘请者众，一日要应付几处塾馆，来回奔忙，因此无法携子就读，只好把张伯苓送到同族本家的塾馆附读。一个学期后，因本家塾馆中子弟无心读书，整日胡打狗干，教书先生被辞退，张伯苓只好转入刘家塾馆寄读。刘家塾馆属于义学性质，在刘家塾馆教书的刘先生，在津门威望极高，专招贫寒子弟。这个非同寻常的塾馆，对张伯苓后来性格、精神与世界观的形成产生了重要影响，张伯苓之所以在出馆后报考北洋水师学堂，与这家塾馆的教育是分不开的。

## 水师学堂的刺激

清光绪十五年（1889 年）秋，13 岁的张伯苓以家学渊源及在刘家塾馆就读的功底，考入天津北洋水师学堂，在驾驶班学习驾驶技术。

北洋水师学堂乃清朝直隶总督兼北洋通商大臣李鸿章于筹办北洋海军过程中创立的近代新式学校，校址位于天津城东八里的贾

北洋水师学堂位于天津城东八里的贾家沽道东机器局（今东局子一带）西

家沽道东机器局西。学堂教员以西人为主，由曾留学英国、被鲁迅称为“19世纪末年中国感觉敏锐的人”的启蒙思想家、后来以翻译《天演论》闻名士林的严复任总教习。

严复履职不久，便以出色的学问与管理才能升任会办（副校长），后又任总办（校长）。时李鸿章正处于权力的巅峰，属于声名显赫的洋务派箭垛式人物。北洋水师的主要使命，是培育具有近现代思想精神与军事技术的优秀人才，学校的各种设施与教职员配备、学生选拔，均极一时之盛。如教师队伍中有苏格兰人麦克礼，其授课讲解透彻，佐以日常人格的熏陶，受业诸生获益匪浅，更是给张伯苓留下深刻的印象。

作为学生，绰号“张小辫”的张伯苓，少年英俊，身手敏捷，头脑聪明，在驾驶技术、兵操等诸方面均名列前茅，令诸教师与总教习严复甚为喜爱。正是在这所学堂里，张伯苓较为正规地接受了新式教育熏陶，学到了近代科学文化知识。如张伯苓三子张锡祚在追述乃父往事时所言：“这个水师学堂，

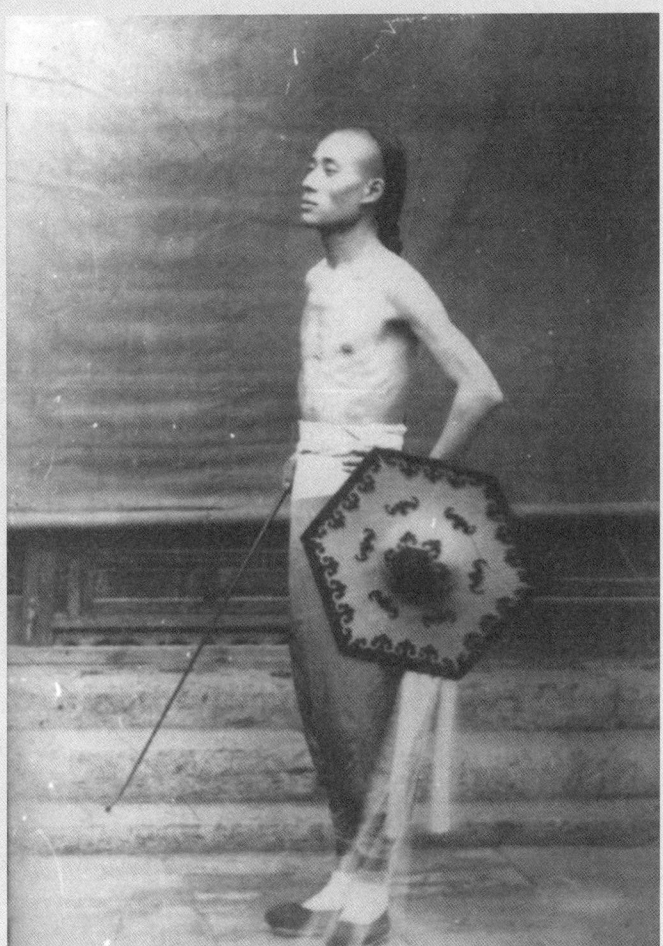

在北洋水师学堂求学时的张伯苓

在北洋海军实习时的张伯苓

请的是洋教授，教的是新学，用的是洋文，念的是洋书，开洋船，使洋枪、洋炮。总之，到这里来上学，叫作上洋学。当时一般人的思想还不大开通，清政府为了多招学生起见，不但学费全免，管吃管住，而且每月津贴每人白银四两五钱。先生不满 14 岁，考入了北洋水师学堂……一方面要念书，一方面还靠津贴来养家，负担是不轻的。”[4]

五年学堂时光匆匆过去。1894 年秋，张伯苓以学堂“最优等第一”的成绩毕业，时年仅过 18 岁，身高却已超过 1.9 米，虎背熊腰，威风凛凛，属于罕见的英俊青年与中国北方大汉形象。

清光绪二十年（1894 年），乃中国人熟知并带有心灵伤痛的甲午年。这一年，中日在山东威海卫海域进行了一场空前大海战。许多年后的抗日战争期间，曾在南开大学与清华大学主讲中国近代史的蒋廷黻教授，就这段历史的教训特别指出：“那一次的海军战争是我民族在全面抗战以前最要紧的一个战争。如胜了，高丽可保，东北不致发生问题，而在远东中国要居上日本居下了。所以甲午八月十八日的海军之战是个划时代的战争。”[5]

结果众人皆知，威海卫甲午一战，大清国的北洋舰队全军覆没，李鸿章等大清臣僚苦心孤诣的洋务事业灰飞烟灭。清廷迫于日本人的军事压力，于次年4月，由李鸿章与日本首相伊藤博文签订了丧权辱国的不平等条约——《马关条约》。根据条约规定，中国承允朝鲜独立，割让辽东半岛（后因三国干涉而未得逞）、台湾岛及所有附属各岛屿、澎湖列岛给日本，赔偿日本军费两亿两白银。同时增开沙市、重庆、苏州、杭州为商埠，允许日本人在中国通商口岸投资办厂。

甲午之战的失败，给大清帝国带来了空前严重的危机，而日本却在这一战争中利用中国的巨额赔款建军兴教行商，很快跻身世界列强之林。

北洋水师倾覆之惨烈，其程度超乎世人的想象，如后来一度成为学界领袖的胡适所言，竟然没残存一艘战舰可供中国海军学校毕业生实习之用。当时作为毕业生的张伯苓，空怀满腔热忱而英雄无用武之地，只好于苦闷中回家静候听令，一年后才得入海军实习舰“通济号”做见习军官3个月。就是在这艘军舰上，张伯苓又遭遇了他终身不忘的国耻，促使他决心脱离海军，走向教育救国之路。

威海卫在今山东半岛的东端，原是中国海军的军港，《马关条约》签订后，欧洲列强乘机在大清国地盘上争夺势力范围，英国强租九龙并继德、俄之后强租威海卫。清廷无力抗拒，只好答应。但威海卫自甲午海战之后即被日本人占据，如果转让给英国，就要先从日本人手中拿回，再予英国人之手。于是，清廷决定派大员乘“通济号”去山东办理接收、转让手续。时张伯苓正好在“通济号”服务，亲身参与此事，并目睹了极其悲惨痛心的一幕——接收时，先下日本的太阳旗，后升大清国的黄龙旗；隔一日，降下黄龙旗，改悬英国的米字旗，是谓“国帜三易”。这个场景用张伯苓自己的话说，便是：

“悲愤填胸，深受刺激！念国家积弱至此，苟不自强，奚以图存，而自强之道，端在教育。创办新教育，造就新人才，及苓将终身从事教育之救国志愿，即肇始于此时。”[6]

张伯苓所言大体不差，胡适在后来撰写的《教育家张伯苓》一文中说：“张氏此种觉悟，此种决心，足以反映当时普及全国的革新运动。戊戌政变就是这种运动的高潮，可惜这种新运动不敌慈禧太后的反动势力而失败了。伯苓时年廿二岁，欣然应严修之聘，在其天津住宅设私塾教授西学。严氏私塾名‘严馆’，学童为严修之子等五人。此为张氏一生从事教育事业的开端。”[7]

后世往往有人将严修误为严复，其实二者不是一人。胡适文中提到的严修（1860—1929年），字范孙，号梦扶，祖籍浙江宁波慈溪，先世移居天津经年，他本人生于直隶三河县。清光绪八年（1882年），严修乡试中举，次年连捷进士，时年23岁。又三年，授翰林院编修，另补国史馆协修，清光绪二十年（1894年）授贵州学政。严修在学政任上，力倡新学，首以奏请废科举、开经济特科有声于时，戊戌政变后致仕家居。

清光绪二十四年（1898 年），严氏在天津私宅设立家塾，聘陶仲明担任塾师。清光绪二十七年（1901 年），陶仲明病故，其业由张伯苓继之。张氏主讲课业，以英、算、理、化诸科为重，号称“西学”。时有学生五人，皆为严氏子侄，外加一个后来成为著名社会经济学家、曾出任中国科学院副院长的陶仲明之子陶孟和。其后三年，号称天津商业“八大家”之一的王奎章，亦聘张伯苓教其子弟，有学生六人，名为“王馆”，以与“严馆”有别。张伯苓每日上午到严馆上课，下午到王馆教书，如是又三年，直到迎来了两馆合并，成立天津第一中学堂。

清光绪三十年（1904 年）春，严修欲带张伯苓赴日本考察教育。为听取同道者的建议，4 月 22 日，严修携张伯苓访晤严复。此时严复因与李鸿章意见不合，已退出海军界，出任京师大学堂附设译书局总办，专事翻译外国著作。

自中日甲午战争后的1895年2月起，严复即在天津《直报》发表《论世变之亟》《原强》《辟韩》《救亡决论》等文，主张变法维新、武装抗击外来侵略。1898年，严复翻译的《天演论》正式出版，其以进化论为依据，强调教育的作用在于“鼓民力”“开民智”“新民德”，改造国民性等等，体现了他一贯倡导的“教育救国”思想。这一新式的教育观，对中国教育界、知识界摆脱儒家传统教育模式产生了巨大影响。而此时的严修，在时代感召下，思想亦有巨大演进，他明确提出：“欲救中国，必须变法维新；而变法维新，则非创办新教育不可。”[8] 相同的理想与志向，使严修与严复两位同姓的世纪鸿学硕儒渐渐走到一起并成为好友。这次“二严”相会，严复对严修与张伯苓的日本之行给予了指导和鼓励。

一个月后，严修携张伯苓登上去往日本的轮船。1904年8月3日，二人在拜访数十位教育界名流如嘉纳治五郎、棚桥源太郎等人及十数所学校后，携带购买的部分教育与科学仪器启程回国。

此次考察，严、张二人切身感受到日本的强盛与教育的巨大作用，所到之处，映入眼帘的是："社会秩序良好，交通发达，实业振兴，而人民工作勤，知识富，即贩夫走卒，于闲暇之时，亦无不人手一报，明悉国家世界大势。"[9]

国家富强，社会进步，实由于教育发达振兴的缘故，严、张二人越发坚信"欲救中国，必须从教育着手"。在回国的轮船上，二人热切地交谈着，严修按捺不住心中的激情，与张伯苓商量道："于吾津试办民立中学一处，以作中学之模范。"张伯苓听罢，眼睛透出明亮的光，面呈坚毅之色，表示道："这件事并不难办到，所担心的就是缺少校舍和办学经费，解决了这两个问题，我非常愿意尽自己的绵薄之力，办好此事。"[10]严修听罢，频频颔首，表示理解和支持。

回国后，严、张二人开始行动起来。1904年10月17日，二人按照约定办法，将严、王两馆合并，成立"私立中学堂"，张伯苓任监督（校长）兼教员。

为什么由两家塾馆直接升为中学，而不创办大学或小学呢？按照严、张二人对社会教育的考察，此时的中国最需要者为中等学校，“中学居小学与大学之间，为培养救国干部人才之重要阶段”。因而决定先行创办中学，打下根基之后再徐图扩充之。

11 月，严修奉朝廷命，出任直隶学校司总办，综理全省学政，办公场所设在保定。严修单身赴任，天津中学堂一切事务由张伯苓照计划主持办理。

按既定方针，学堂校舍在严氏偏院，有教室数间，只是有些简陋，张伯苓便找泥瓦木工等稍加修缮，变成两间教室和一间大罩棚，能容纳百人学习、活动。另有三间小房屋，一间为校长室，一间是会计、总务室，另一间是教员中午休息的活动室。师生用具由严家捐助，教学仪器、外文书刊、杂志等由王家出资订购，即“校具及改建费由严先生捐助，理化各种仪器及书桌、书橱等物，由故绅王奎章先生之哲嗣益孙先生捐助”。[11]

当然，仅有教室、教具、科学仪器是不行的，必须要有开办与续办经费，这才是一所学校能运转的关键。于是，经张伯苓计划并协调，严、王两家愿每月各自拿出一百两纹银作为常年经费，如是每年正常运转经费便达到二千四百两纹银，加上学生每月学费三元，合计每年亦有三千多两。有了这笔款子，校方聘教员三四人，并请美、日教员授课，设高级师范班与普通班。师范班有原在严、王两馆就读的陶孟和、韩诵裳、严智惺、孟琴襄、武问泉、林次和等十几人；普通班招收新生七十余人，分为甲、乙、丙三班，后来在教育界颇负盛名的梅贻琦、金邦正、喻传鉴和张伯苓胞弟张彭春等优秀少年，借此机会，通过考试，进入这所散发着温热与青春朝气的私立中学堂普通班就读，成为新式学校和新式教育的幸运儿。

## 创办南开中学堂

1905 年 2 月，根据严修的意见，校名改为“私立敬业中学堂”，此为天津唯一的私立学校，开设的课程有语文、儒家经典、道德修养、中国历史、中国地理、西洋历史、西洋地理、算学、自然科学、物理、体育、英语等，与以前的私塾和学馆不可同义而喻。课程如此设置，可谓中西结合，大势所趋，顺历史潮流而动。就专业言之，私立敬业中学堂已迈出了现代教育的步伐，进入人类文明的新阶段。

清朝学部一些思想进步的官员前往天津视察，对敬业中学堂极感兴趣，视察毕，印象颇佳，认为课程搭配得当，中西学问、道德兼顾，而英文尤优。要想教育救国，使国人立于世界优秀民族之林，就必须学习西方先进的文化和科学知识以武装自己；而要学习西方优秀文化知识，必先掌握语言工具——英语。因而，学部官员对张伯苓以及教员当面予以赞扬、嘉勉。

1905 年 4 月，清朝将军长庚与铁良赴天津视事，在直隶总督署观看天津各学堂学生演练体操，众皆欢喜。时为直隶总督的袁世凯，认为各学堂名称字样过多（时天津共有39所学校），恐日后无奇不有，不如像军队序列一样按数字排列更成体统。于是，到1905年底，私立敬业中学堂改名为天津私立第一中学堂。

学校更名后，招收学生开始增多，原投入的经费，已不足以维持局面。于是，严修、王益孙两位与张伯苓商定，决定严、王两家每月再各自增加一百两纹银。如此一来，每家每月需向学校捐银二百两，这个数字在当时不是一般人能承受或舍得出的。此举一度引起社会各界关注，连外国媒体都高度评价道："每人每月二百两的捐款，不能说不大。况且年年月月，连续不断，他们果敢、坚毅的精神，难道是普通的慈善家可以等量齐观的吗？"[12]

严、王二家的慷慨精神也感动了一些朝廷大员与一般的热心慈善人士。军人出身、以天津小站练兵起家的袁世凯，与严修交往多年，某次到学校参观后，对诸方面给予高度评价，当场表示捐白银五千两以示奖掖。

未久，清廷于京师设学部，以作为全国最高教育行政机关，权倾朝野的袁世凯荐严修为学部侍郎，旋改左侍郎，在全国推广新式教育。时袁世凯推行新政甚得朝野称道，袁氏对外也号称自己成绩只有两件：“曰练兵，曰兴学”，“兵事我自任之，学则听严先生所为，吾供指挥而已”[13]。

严修一上任，即上奏朝廷“请颁布教育宗旨”，稍后主持设立图书局，聘王国维等名冠一时的学者编辑教科书；设名词馆，聘严复为总编纂，并筹备成立京师图书馆等事宜，此为严修与严复以及王国维等世纪名流正式建立公私之谊的交汇点。

此时的严修乃朝廷命官、二品大员，具有很高的社会地位和影响；而年仅 22 岁的张伯苓，只是一名退役的海军学校毕业生，默默无闻。但严修认为张伯苓有能力、有志气、有理想，有一颗为现代教育事业而奋斗的火热之心，是一块可堪雕琢造就的璞玉，日后必将青出于蓝而胜于蓝，成就一番大事业，创造一番大辉煌。由此，严、张二人在教育这块天地里联手合作达二十余年，无论是筚路蓝缕以启山林的草创时期，还是个人仕途与事业蒸蒸日上的中期，抑或栖身津门的晚年，严修与张伯苓相互尊重对方的人格、学识，始终保持着“居停”与“西席”，即亦师亦友，而非“东家”与“伙计”的关系。正是这种相互信任、尊重，当严修在京师教育文化天地大展宏图之际，张伯苓在天津也以他的精明才干，为学校尽力谋划，大事拓展，仅两年时间，即将学校办得风生水起，名震津门，学期之中想挤入学校者都超过百人。

眼看学校生源剧增，门庭若市，原有校舍已无法容纳，许多人还多方找关系、托门子向里挤送，张伯苓决意另觅他处作为新校舍，以解决新生入学问题。当时天津有一个叫郑菊如的士绅邑商，对严、王二家以及张伯苓坚持不懈的办学兴教精神很是佩服，闻听张伯苓欲觅新地方以广校舍，便主动出面助力，把自己在天津近郊地名“南开洼”的十余亩荒地捐赠出来，作为新校址。得此新地，张伯苓欣喜之中立即筹募经费，由严、王二家分别捐出纹银一万两和五千两，加之徐世昌、卢木斋、严子均等几位官宦巨贾分别捐献，共集银二万六千余两，起建新校舍。

1906年7月1日，南开洼校舍正式动工，年底建成。1907年2月13日，张伯苓率师生迁入新校址。同年4月，袁世凯受严修邀请前来参观，对学校开设的课业与师生精神面貌非常满意，再次捐款五千两白银，以解决学校资金匮乏的难题。学校以此巨款，又动用工程款余额一部分，兴建西式平房的礼堂一座，以袁氏表字命名为“慰亭堂”，以纪念袁世凯捐赠支持之举。自此，一所中西合璧、庄重大气的校舍巍然崛起于南开洼。

1907年9月22日，新校舍落成暨学校成立三周年纪念会在新址举行，校名正式更名为“南开中学堂”。此一举动如胡适所言：“‘南开’这个名字将和它的创办人一道，在中国教育史上永占显赫的一席。”[14]

从严、王两馆合并到南开中学堂成立，

张伯苓成为创办学校的全程策划者和奠基者之一，同时亦是教学上的主要设计者与实施者。南开中学建设日趋规范，开启了中国现代新式教育的新篇章。所开课程有修身、读经、国文、历史、地理、博物、物理、生理等，课业以中文书籍教授，教员全为中国人。而英文读本以及文法、外国历史、外国地理、数学、代数、几何、化学等课程，则用英文书籍教授，讲课者主要为美国人饶柏森、霍克和几位日籍教员。

张伯苓除管理校务外，也亲自给学生上课，讲解英语、数学、历史、地理等课程。张氏讲课的特点是不讲空话、套话，直奔主题，点明要害，且循循善诱，将很多深奥的道理融会在丰富、幽默的语言中传授给学生，使学生在轻松的气氛中获得知识。对此，老南开学生黄钰生回忆说，张伯苓尤为喜爱数学，他在给学生教几何课程的时候，“不但讲解清楚，而且善于启发学生的思维逻辑，在他的班上，你脑子一分钟也闲不下来”[15]。

由于学校倡导新思想，开设新课程，加

之教学水平不断提高，新式的修身、体育等课程受到学生喜爱，越来越多的高官巨宦、商业大亨及其族中子弟，从四面八方不远千里奔往天津南开中学就读，大有古时马融“绛帐传薪”之气象。对于这一段历史，胡适曾感慨地说：“张伯苓同严修的结识合作，自从南开初创时期起，这是一件美满的事件。严修是中国旧道德传统和学识渊博最可敬的代表人物。他是一位学者、藏书家、诗人、哲学家、最具公德心的爱国志士。他对教育的信念，对于新时代、新学识的虚心接受，和他在天津地方、直隶全省的道德名望，给年轻的张伯苓在创立远大的教育事业上有莫大的助力。”[16] 从此，“南开与张伯苓两个名字，在中国教育史上永占光荣的一页”[17]。

1908 年，南开中学堂第一届甲班学生经过四年紧张而繁重的学习，于 7 月 10 日毕业。毕业仪式在南开中学慰亭堂举行，直隶提学使卢木斋为梅贻琦、张彭春、金邦正、喻传鉴等 33 位毕业生颁发文凭。被张伯苓称为“南开校父”的严修宣读了毕业训词。

严氏殷切希望诸生："勿志为达官贵人，而志为爱国志士。鄙人所期望诸生者在此，本堂设立之宗旨亦不外此矣。"[18]

为纪念这一历史盛况，张伯苓专门命人在东楼东北角的地方掘了一口水井，井口四周用砖砌成八角形的圈栏，井上立有木架，

1908 年南开中学堂第一届毕业式合影

南开中学的创办人张伯苓（右）晚年与喻传鉴（左）合影

木架的横额上镌刻着“饮水思源”四个大字，侧面横额上按考试名次排刻着33位同学的名字。首批毕业的33名学生中，有4人留校任教，16人保送到保定高等学校继续深造，有的报考北洋大学及其他铁路矿业学院，有的辗转出国留学。后来有十几位成为教育界、外交界、政界、商界的名流大腕儿，其中金邦正、梅贻琦先后出任清华大学校长，张彭春曾任清华大学教务长、国民政府驻外公使、联合国第一次大会代表，喻传鉴终生协助张伯苓在南开服务，可谓鞠躬尽瘁、死而后已，成为南开学子永远缅怀的教育先驱。

也就是在1908年这一年，张伯苓首次访问英美，考察教育。他对于道德修养的热忱，加之考察所增加的社会生活阅历，使他更加深信应劝人为善。

1911年，辛亥革命爆发，清王朝被推翻，中华民国成立。根据民国新学制规定，1912年10月17日，南开中学堂改名为南开学校，原来的监督改称校长，仍由张伯苓担任。10月17日，便成为南开学校的校庆日。从此

1918 年，张伯苓与严修等赴美考察教育

之后，每年这个时间，世界各地的南开校友都不约而同地聚在一起，欢庆母校的校庆日。天津南开本部更是热闹非凡，师生放假 3 天，参加各项活动，如演讲、游艺、运动会、聚餐等等，所有这些活动，都是在提示师生勿忘南开艰难光荣的办学历程，以及严修、王益孙、郑菊如、张伯苓等前辈在办学征途上披荆斩棘的峥嵘岁月。

从 1912 年南开学校正式挂牌始，学生入学人数每年增长约三分之一。至 1916 年，南开已有四个年级近千名学生。随着学校规模一天天壮大发展，声名也随之远扬，各地少年纷纷前来就读。南开的生源除西藏、新疆之外遍布全国各个省市，甚至有美国、东南亚的华侨子弟不远万里慕名而来。一时间，南开成为中国北方最负盛名的中学而为人称羡，其时与江苏扬州的省立扬州中学并称为“北有南开，南有扬中”。当时的教育、文

1917 年南开中学生满千人，在南开操场举行会操

化界名流如梁启超、蔡元培、李大钊、陈独秀、胡适、陶行知等纷纷来校参观、考察。受严修、张伯苓之邀，梁启超在南开做了演讲，并谓“使全国学校悉如南开之负盛名，则诚中国之大幸”[19]。

盛名之下的南开并未停止发展的步伐。张伯苓在南开学校基础上创设专门部，由其胞弟、南开第一届学生、刚从美国留学归来的张彭春任主任，料理一切。南开专门部设英语专科和高等师范专门班，此为张伯苓创办大学计划的一次试探性行动，可视为南开大学部的发轫。

1916 年 10 月 17 日，是南开学校十二周年纪念日，张伯苓与师生回顾了南开的历史，对未来做了规划，其中略谓：“本校肇建以来，十二年中国事之变迁，时局之纷扰，民权之消长，党派之盛衰，正不知沧桑几度 。”又说：“我校同学行达千人，其德智体三育之进行，有令人不可思议者，非特为天津之冠，为直隶冠，亦且为中国冠。现值民国建设伊始，百政待理，兴学即其一端。我校今当十三年之初宜如何振兴教育，决定方针，发挥而光大之……将来中国存亡兴衰，我校亦与有责焉。”[20]

参考文献

[1] 温家宝接受俄罗斯记者采访 [N]. 人民日报，2008-10-30.

[2] 吴秋尘 . 本部顾问张伯苓先生及夫人举行结婚四十周年纪念 [N]. 益世报（天津版）. 1935-2-24.

[3] 梁吉生 . 张伯苓年谱长编（下卷）[M]. 北京：人民教育出版社，2009.

[4] 张锡祚 . 张伯苓先生传略 [M]// 中国人民政治协商会议天津市委员会文史资料研究委员会 . 天津文史资料选辑(第八辑). 天津：天津人民出版社，1980.

[5] 蒋廷黻 . 中国近代史 [M]. 上海：上海古籍出版社，2004.

[6] 张伯苓 . 四十年南开学校之回顾 [M]// 王文俊，杨珣，郑致光，等 . 张伯苓教育言论选集 . 天津：南开大学出版社，1984.

[7] 胡适 . 教育家张伯苓 [M]// 欧阳哲生 . 胡适文集(2). 北京：北京大学出版社，1998.

[8] 严仁赓 . 先祖严范孙教育思想与办学实践简述 [J]. 南开校友通讯，1990.

[9] 喻传鉴 . 三十年来之南开学校 [J]. 南开高中 30 周年纪念刊 .

[10] 梁吉生 . 一位不服输的教育先行者 [J]. 南开校友通讯，1990.

[11] 南开校友通讯，1992.

[12] 露存，心文，古德诺．解析中国 [M]. 北京：国际文化出版公司，1998.

[13] 高成鸢．南开精神：被遗忘的黄钰生 [M]// 申泮文．黄钰生文集．天津：百花文艺出版社，2009.

[14] 胡适．张伯苓：一代师表 [M]// 司徒雷登，胡适等．别有中华——张伯苓七十寿诞纪念文集．张昊苏，陈熹等译．天津：南开大学出版社，2019.

[15] 同 [4].

[16] 胡适．教育家张伯苓 [J]. 南开校友，1948，2. 梁吉生，张兰普．张伯苓画传 [M]. 成都：四川教育出版社，2012.

[17] 同 [7].

[18] 陈宝泉．退思斋文诗存 [M]. 台北：台北文海出版社，1982. 梁吉生，张兰普．张伯苓画传 [M]. 成都：四川教育出版社，2012.

[19] 周恩来笔录．梁任公先生的演说词 [J]. 校风，1917-2-28.

[20] 李壮猷．本校十二周年纪念志盛 [J]. 校风，1916-11-15.

# 02

# 汲汲骎骎 前途无垠

## 从中学到大学

时至1917年，张伯苓认为教育救国已刻不容缓，办教育是救国的根本条件和前提，要力争普及教育，使人人都能得到新知识，才能明了人生、明了世界。否则，将来的中国是不能挽救的。而自进入民国之后，社会发展日新月异，民族工业迅速崛起。时代迫切需要受过大学教育的高端人才，各个领域特别是机械、物理、化工等制造业求才若渴；而南开学校培养的人才，必须到其他大学就读方成尖端人才，有的则因多种原因在社会中流失。鉴于这种情况，张伯苓下决心要创办一所大学，为南开学校优秀毕业生继续深造提供条件。此时，已从美国学成归来的张伯苓胞弟张彭春，更是敏锐地觉察到世界大势对高等学历人才的需求，意识到南开学校若想进一步发展壮大，就必须创办大学，以在急速流变的社会中与时代同步。

张伯苓兴办大学的设想，得到严修及南开校董范源濂等人的肯定和支持。张伯苓决定放下身边事务，赴美国专门研究先进的大学教育，遂致函美国哥伦比亚大学师范学院孟禄博士（Dr. Paul Monroe)。孟禄回信告知，可以为其提供与本年学费等额的荣誉奖学金以示支持。张伯苓得到消息，把自己花费十余年心血建造的南开学校托付给胞弟张彭春，并说，你放手干，即使南开在你手里办垮了，也不要着急，等我回来，会重新建造一个新南开。

1917 年 8 月，张伯苓抵达美国哥伦比亚大学师范学院。由于他在中国创办南开的良好声誉，哥伦比亚大学给予他很高的礼遇，除了授予他荣誉奖学金，还派当时本校最负盛名的教育家杜威、克伯屈、桑代克等教授指导他学习研修。杜威是当年蒋梦麟、胡适、张彭春等中国留学生的老师，对张伯苓极为关照。张伯苓借此机会学习了有关教育学、教育哲学、心理学、教育行政学等课程。这年4月，严修与范源濂两位学界大腕儿，受当局委派到北美考察教育，抵达后与张伯苓会合，三人结伴共同拜访、考察了芝加哥大学、旧金山大学、西雅图大学以及加拿大的温哥华大学等高等学府，详细了解这些学校的师生来源、办学方式、课程设置、校园设施、师资配备与资金来源，听取了在美中国留学生对美国大学的印象，以及他们在美国求学的经历和体验，以资借鉴。张伯苓眼界大开，对回国办学有了充足的信心。

1918年底，张伯苓和严修、范源濂等人乘船取道日本横滨回到天津，南开师生全体出动，到车站列队欢迎。在南开师生举办的欢迎会上，张伯苓即席讲话，报告了一年多来在美学习、考察的情形，谓："教育是一国之本，并且一国的人才全由大学产生而来。现在我国教育不兴，人才缺乏，不禁使

在美国哥伦比亚大学留学时的张伯苓

人感而思奋，要立即创办大学。”[1]这一旗帜鲜明的表态，使翘首以待的师生精神振奋，顿时掌声雷动，山呼“拥护张校长，支持南开改大”。

口号是喊响了，意志也够坚定，接下来就是脚踏实地，撸起袖子加油干。张伯苓与严修共同挑起兴建南开大学部的重担，赴当局立案，建立董事会，计划土地、建筑规模、招生人数，设置科系与课程，募集捐款，等等。他们奔走于北京、太原、保定、上海、南京、杭州等地，拜访相关的机关首长与政商两界有影响力的朋友，寻求捐款支持。由于南开誉满神州，社会各界人士纷纷表示愿意提供各种支持，包括慷慨解囊，予以经济上的资助。待校舍等一切有了眉目，相应的配套设施和科学仪器等也陆续自国内各地和海外运至校园，所聘教员也相继到位。“万事俱备，只欠东风”，一座后来在中国乃至世界教育史上占有重要席位之大学呼之欲出。

当此之时，并不是所有的师生或社会人士都支持张伯苓兴办南开大学，据南开校史

1919 年，严修（后排左六）、张伯苓（后排左三）等为创办南开大学到南京筹款时与政商名流合影

专家梁吉生说：“反对派的三种人，包括守旧、执政和社会新派，很有一点代表性。他们不相信没有大学资历、赤手空拳的张伯苓能办成大学。罗隆基在南开大学成立15年后，还提到这件事。他说：‘张伯苓先生这位中国人真特别。北平许多学校正在欠薪欠得一塌糊涂，政府的学校都快要关门了，这位张伯苓先生有什么本事，却要在这时候来办个私立大学，这不是自己对自己开玩笑吗？且看他将来如何吧。’”对此，梁吉生又解释道：“当年的怀疑派罗隆基后来也做了南开大学的教授，在南大兼课，亲眼看到了这所大学的成绩，从而不得不信服张伯苓的办学能力与干劲，并称其为‘伯苓精神’。”[2]

1919年秋，南开大学正式宣告成立，先设文、理、商三科，其他科系待日后再陆续设立。所聘14名各科教员全部到位。经过考试，周恩来、马骏等96人成为南开大学第一届学生。9月25日，南开大学举行了具有历史意义的开学典礼，严修、黎元洪、范源濂、卢木斋等社会名流到场祝贺。严修与张伯苓先后登台致辞，历述大学创办经过与不易，勉励师生遵循教育救国的理念，爱国爱人，共同奋进。

1920秋，南开大学响应社会呼声，开放女禁，开始招收女生，实行“受业学生男女合校的制度，男生、女生皆可入学”[3]。此为北方私立大学开放女禁第一家。同一时期，北方的国立大学只有北京大学于当年2月开始招收女生，此举乃为中国近代大学男女同学之始。

1921年，国内各大学鉴于时代需要，纷纷开设矿科，张伯苓也不甘落伍，利用李组绅的每年三万元捐款，在南开大学增设矿科，由薛桂轮主持，李珠和李济等为教师，一时引得中外关注。

南开大学的创立，不仅标志着张伯苓个人的兴学实践活动迈上了一个新台阶，且在天津乃至中国私立大学史上具有里程碑式的意义。由于南开的影响力不断扩大，慕名前来求学者日益增多，设在南开中学校园内的校舍已无法容纳大学进一步发展。1922年，张伯苓与严修商量增建新校舍。时任江苏督军李纯，字秀山，原籍天津，行伍出身，一路官运亨通，最后当上了江苏督军。据张伯苓三子张锡祚说，这位李督军“因病沉危，自知不起了，自己又无有儿女，平日知道故乡有一个南开学校，立下遗嘱，以家产之四分之一，折合当时银币五十万元，捐赠给南开大学。先生因得此款之助，在天津城南八里，地名八里台的地方，选购地四百多亩，当时是一片芦苇地，港汊交错，于是开渠填土，兴工建起校舍来。两年后落成，大学部就迁到八里台来，即是今日大学校址”[4]。

为了感谢李纯捐赠遗产兴教办学的义举，1923 年 6 月，当气势宏伟的南开大学教

早期南开大学校园鸟瞰图

南开大学建校初期设在秀山堂的图书馆

学楼于八里台荒野之中建成后，特别取李纯表字命名为“秀山堂”，以示永久纪念。与此同时，八里台南开大学的教职员宿舍、学生宿舍等大大小小十一处建筑也建造完成。鉴于南开的声名和办学的巨大成功，在热心教育者的倡导、带动下，社会人士捐款者颇不乏人，如袁世凯的堂弟、天津实业家袁述之，奉母命联合美国罗氏基金会，向南开大学捐赠七万元建立科学馆。工程竣工后，名之“思源堂”，取“饮水思源”之意，也是“思袁”的谐音，以纪念袁太夫人。

1923年9月，南开大学学生由南开洼校园迁往八里台校区，第一次在新校舍举行开学典礼，张伯苓踌躇满志又饱含深情地发表演讲，着重强调了创办大学的宗旨和目的："办大学之目的，在信学以致大。学以易愚，学以救国，救世界，学能求真理又能改善人格。故欲达到此目的，须自大学时代做起。"同时，张伯苓表达了对莘莘学子的殷切期望："学者终身从事于学理之研究，然做学问者

1926年10月17日，南开女中校舍落成典礼

须先具以下五种善行：（一）立志；（二）敦品；（三）勤勉；（四）虚心；（五）诚意。”[5]南开大学文、理、商三科第一批学生未久即成为改造社会、造福民众，使中国走向现代化的领军人物。

就在创办大学部的同时，应社会各界人士的要求，张伯苓又于1923年增设南开女中部，租中学附近民房一所，招收女生七十余人。此后，复得到社会各界热心人士捐助，

20世纪20年代，张伯苓与南开女子中学学生合影

1928 年校长张伯苓（后排中）与南开学校小学部师生在校舍前合影

在男中部操场之南，购地十亩，建起女中新校舍。1928 年秋，南开学校增设小学部。此后又设经济研究所、化学研究所。至此，南开学校已含有五个部分：大学部、研究所、男中部、女中部、小学部，规模齐备。至全国抗战爆发前，在校学生总人数已达三千余众。

## 张伯苓的婚事

张伯苓尝谓：人除了干工作、创事业，爱情确乎也很重要，自己一生之所以能全身心地献身教育，与夫人的支持是分不开的。

就在张伯苓自北洋水师学堂回家等候派遣，即将入严府任教的这个短暂时期，在张氏族人看来，19岁的张伯苓已到了成家立业、娶妻生子的年龄。于是，婚事就此议论开来。

父亲张久庵公曾在宜兴埠温家做过教师，结交了很多朋友。众人闻听其子将要婚娶之事便纷至沓来，一时提亲者众。其后，张伯苓遵父母之命、媒妁之言，与宜兴埠的安氏定亲结婚。

这位安氏虽不姓温，但与温家有姻亲关系，属温世霖妻子的堂姑，因而温在《昆仑旅行日记》中称张伯苓为“姻叔”[6]。然而，这次婚姻并没有给张伯苓带来幸福。安氏此时患有严重的肺结核（时称“痨病”），已近生命垂危的程度，医生束手无策，有媒婆献出奇计，说只要嫁个男人，生个小孩，病情就会好转，是谓“婚事冲喜”云云。假如天不作合，女子不幸病死于丈夫家中，也算完成了一生的过程，自有人按当地风俗和规矩出殡发丧，灵魂有个着落。安家一听，自是求之不得，便托媒婆联合温家向张家提亲，经中间媒婆一顿胡吹海侃，不知内情的张家很快把安氏娶进门来。进门十八天，安氏便撒手人寰，对于张家而言，在“当时家计十分困难的情况下，凭空又给添了这一娶、一葬之累”[7]，令人既痛苦不堪，又哑巴吃黄连——有苦难言。多少年后，张家人还忘不了这个悲剧性的婚姻，常有“旧时陋习，真是害人不浅”之叹。

春节过后，除旧布新，张伯苓的好运气也来临了，一是被派往北洋水师“通济号”实习；二是续娶了王夫人，可谓双喜临门。

王夫人名淑贞，天津人，生于书香门第，父亲乃举人出身，是天津地界有名的塾师。王举人养育四个子女，王淑贞“生来有异相，两耳长大，倍于常人，双手亦长大，远过于男子，生性勤劳，好整洁”。[8]如此一个好女子，只是姻缘未到，22岁尚未出阁。春节前，媒婆来王家提亲，将张家老少连同遭遇的不幸事说了一遍，王家人听罢既同情又欢喜。待到了相亲阶段，王举人一见张伯苓，大为惊奇，只见面前的青年身躯健美，“腰背挺直，隆鼻，两眼炯炯有神，谈笑风生，和当时的一般读书人迥乎有别”[9]。王举人大喜，当场允嫁爱女，春节后即办婚事。

当此之时，张伯苓家境仍较窘困，张氏自己在海军舰上实习，父亲仍是穷教书匠，下面还有一个弟弟、两个妹妹需要抚养，而老夫人的脾气性子又有些急躁，妻子王淑贞处在这个家庭中，需要上下调和，使得一家团结和睦。每当张伯苓回家探亲时，耳朵里听到的都是愉快舒心的话，从没听妻子诉过苦，挑父辈和弟弟妹妹的毛病。再后来，张伯苓到严馆教书了，知道办教育是不会发财了，但妻子却毫不在意，表示为了后世子孙有文化、有出息，他当一辈子穷教书匠，再穷再苦她也心甘情愿支持，云云。

早年张伯苓（后排右二）全家合影，后排右一为张彭春，左二为张伯苓夫人，左一为张伯苓胞妹马千里夫人。前排为张伯苓母亲及张伯苓之子：左锡羊、中锡祚、右锡禄

张伯苓自教书开始，每月往家拿薪水，妻子从没嫌少过，因而才让张伯苓安心无忧百折不回地办教育，取天下英才而育之，为国家培养一批又一批杰出人才。当家庭生活拮据的时候，王夫人也曾典钗质钏，以渡难关。张伯苓夫妻生了四个儿子，全靠夫人一手抚养长大成人。王夫人对孩子的训育有三个要点：饭菜弄得很好，但不许吃零食；不许说谎话；不许乱花钱——有正当用途的钱

必给，说不出用处的钱坚决不给。对此，张伯苓很满意，认为“这很平凡的三件事，却把健康、卫生、持身、处世、廉正、经济之道完全包括无余了”[10]。

张氏夫妇的三子张锡祚自小患肺病，请了多少名医都治不好，最后几乎认定性命不保，似乎只能听天由命。但夫人却悉心照料，决不放弃，自信母爱一定能使儿子起死回生。果然，她那伟大的母爱，使儿子日渐壮健起来，日后成为国家有用之才，也成为南开创业历史的见证者，晚年有《先父张伯苓先生传略》问世，成为研究张伯苓生平和南开校史既直接且权威的珍贵史料。

对于夫人的德行，张伯苓有过如下感激之言：“我自己是一个办教育的人，办教育自然也就是教书，教书不能发财，办教育也就不能发财。当我自己开始养家时，我就告诉她，钱不要花过了头，尤其不要使我分心去想家里的钱够不够花，所以几十年内，我家里在极经济的支付状况下，是不时无钱的，说不定，也许是我给得过多了罢？的确，她

从左至右张锡禄、张锡羊、张锡祚、张锡祜、马秋官、马珠官

向来就不曾和我提过一个钱字。这一点，帮助我很大。假使她不能不向我提钱，而我又时时为家里用钱打算，我也就不会专心于我的教育事业了。”[11]

对于先恋爱再结婚，还是先结婚再恋爱的“爱情幸福观”问题，张伯苓有自己的看法：“近来新式的太太，虚荣心似乎要比旧式的妇人高得多，她们不能帮助自己的丈夫，有的还使她的丈夫，不能不为了她而去竭力地在经济上想办法，去想不劳而获的方法，我以为那是太傻了。”“我的内人，她并不催促我做官，不催促我盖多高的楼，买多大的汽车，所以我才能慢慢地去做我所要做的事……我常对年轻的女子说：‘你可别盼着你的丈夫发财，他一发财，第一个看不顺眼的，就是你！’”[12]

张伯苓的婚姻幸福观，在新派人物看来自是陈旧，旧派人物也不见得同情，但总体是劝人向善和睦的，因而也曾得到不少师生的认可。对此，张伯苓曾自豪地说：“南开有一位同事，娶了一位旧式太太，夫妻原是不大和睦的，某次听了我的讲演，我主张夫妇和美是最大的幸福，他竟因此而情如胶漆，真是一件出人意料的事。”[13]

1929年秋，张伯苓赴欧美考察教育归来

## 严修去世

1929年，南开校董严修先生去世，享年70岁。

张伯苓当时在美国考察，闻此噩耗，悲痛伤感之情自不待言。严修与张伯苓的结合，先是“居停”与“西席”的关系，复为亦师亦友亦同志、同事的关系。自古以来，有如此关系、合作终生未现裂痕者鲜矣。

在筹划创办南开大学至严修去世的十几年间，支持南开的北洋军阀袁世凯、徐世昌、黎元洪、段祺瑞等头面人物相继死去或倒台失势，但严修在学界的地位与政界的威望，并未受到冲击和降低，其“风”犹存，“清”声独远，依然保持那个时代少有人企及的人格魅力与庞大的人脉资源。据一度出任南开大学秘书长的黄钰生说：“南开的募款从一开始直到1919年，都是打着严范孙的旗帜进行，打张伯苓的旗帜则不行。包括南开大学筹备时，严老先生都亲自参加募款。后来张伯苓的社会威望渐渐高了，募款主要是张伯苓进行了。”[14]这个事实，从另一个侧面见出严修的社会影响力之深广。

在当时动荡不安的社会环境中，严修、张伯苓面对筹集办学经费的重重困难百折不挠，以坚强的毅力和乐观的心态积极募捐。张伯苓曾当着全校师生的面说过，南开是私立学校，非捐款不能办学；但私立非私有，他四处捐款是为南开、为教育事业而干，不是为一己私利而奔波。“虽然有时向人求见、捐款，被其挡驾，有辱于脸面，但我不是乞丐，乃为兴学而作，并不觉难堪。”又说：“为自己向人开口捐钱是无耻，为南开不肯向人开口捐钱是无勇。”[15]

张伯苓如此说，也是如此做的。当年奔波豪门、财团时的高大背影和流淌的汗水，已浸入历史风尘不可得见，然从张伯苓留下的书信函件验证，仅20世纪二三十年代，在三百多封信件中，涉及筹款募捐事宜者即达78件，借此可见张伯苓办学的艰辛与毅力。

据张伯苓的三子张锡祚说，张伯苓平时

“受严先生人格熏陶之处甚多。严先生虽是生当清季，然而他的思想开明进步，迥非同时代人所能企及”。张锡祚还提到严修对周恩来的态度。虽然周恩来因参加学生反帝爱国运动被军阀逮捕入狱，出狱后当局勒令学校予以除名，但严修与张伯苓都念念不忘这位学生的前途命运，二人经过慎重研究，决定建立“严范孙奖学金”，以资助周恩来赴法国勤工俭学。根据张锡祚的说法，周恩来在南开做学生时，就深得严修的赏识，后来去法国留学，费用也是由严氏按期供给。

据南开档案载，周恩来在法勤工俭学期间，南开一共为其提供了七千多块大洋，这个数目不是一般留学生所能企及的。据统计，清末与民国初期，五块银元（现大洋）可以买一头大水牛，一块银元可以买一担米。周恩来赴法留学是 1920 年，当属民国初期，所花南开费用相当于当时1400头水牛之价。1921 年 2 月，经天津直隶女师毕业生、留法勤工俭学的女共产党员刘清扬及其丈夫张申府介绍，周恩来加入中国共产党的早期组织巴黎共产主义小组，在留法中国学生中秘密开展活动。此一消息传回国内后，南开校友一时议论纷纷，鼓励叫好者有之，污蔑叫骂者有之。面对此情，严修的老友、南开校董之一李琴湘告诉严修道："听说周恩来在法国入了共产党啦，还供给他吗？"严修闻听，微微笑道："士各有志，加入共产党何害？"供给如故。[16] 这就是严修的人格和奉行的道义。

为纪念严修高尚的人格和对中国教育特别是南开学校的贡献，1929 年南开董事会特别决定，把中学校园一栋楼以严修的表字命名为"范孙楼"，后来又铸了铜像，以永远纪念这位"南开校父"。

参考文献

[1] 梁吉生．张伯苓与南开大学 [M]. 太原：山西教育出版社，1995.

[2] 梁吉生，张兰普．张伯苓画传 [M]. 成都：四川教育出版社，2012.

[3] 邹宗善．南开的大学．校风（十六周年纪念号特），1920-10-17.

[4] 张锡祚．张伯苓先生传略 [M]// 中国人民政治协商会议天津市委员会文史资料研究委员会．天津文史资料选辑（第八辑）. 天津：天津人民出版社，1980.

[5] 南开周刊（第69期）[M]. 侯杰，秦方．张伯苓家族 [M]. 北京：新星出版社，2018.

[6] 孙爱霞．三津谭往．侯杰，秦方．张伯苓家族 [M]. 北京：新星出版社，2018.（侯、秦二作者认为安氏乃温世霖堂姑，不确。）

[7][8][9] 同 [4].

[10] 徐凌影．张伯苓先生结婚四十年纪念 [N]. 大公报，1935-2-24.

[11] 吴秋尘．本部顾问张伯苓先生及夫人举行结婚四十周年纪念 [N]. 益世报（天津版），1935-2-24.

[12] 张伯苓氏伉俪结婚四十年纪念盛会 [N]. 益世报（天津版），1935-2-25.

[13] 同 [11].

[14] 梁吉生．一位不服输的教育先行者[J]. 南开校友通讯，1990.

[15] 侯杰，秦芳．张伯苓家族[M]. 北京：新星出版社，2018.

[16] 同[4].

# 03 痛矫时弊 育才救国

## 南开人的仪态形象

张伯苓在他的自传里说：“南开诞生于国难，所以当改革旧习惯，教导青年救国为宗旨。”[1]他认为中国人弱点有五：曰愚、曰弱、曰贫、曰散、曰私。愚则人民的知识不开；弱则民族的体魄不强；贫则生产力不振；散则团结力不固；私则只顾个人利益，没有国家民族概念和思想。若要改变这种状况，唯有兴办新教育，灌输新思想，培育新人才。而具体改革的方针是：必须以现代科学的结果和方法训练青年；必须完善个人的体格，使其适应新的时代，宜于做事；必须使学生组织起来，积极参加各种团体生活，共同合作；必须感化每一个人都有为国效劳的精神；必须培养切实的救国力量。也就是说，现代教育必须是德、智、体、群等齐头并进，全面发展——这便是张伯苓早期教育的理念和总方针。

在这一理念中，张伯苓认为德育涉及人生观、价值观、事业心、公德心、意志力，以及正直、善良、无私、勇敢等诸多方面的品质，在整个现代教育体系中，道德教育居于首要地位。因而，自严氏塾馆只有五个学

张伯苓（前排右五）与南开教职员工合影

生时，他便着重于对人格与道德的培养、训练，到私立中学堂时代更是将此提到至高位置，认为创办新教育，“研究学问，固然要紧，而熏陶人格，尤其是根本”[2]。于是，张伯苓专门设置了一个“修身班”，名为“班”，其实是一门不计考分的课目。所谓“修身”，典出《大学》中的“修身、齐家、治国、平天下”。上课地点在礼堂，时间是每星期三下午，听讲者为全体学生，有时是全校师生。主讲人乃张伯苓，有时也请一些学界或社会名流前来演讲，如梁启超、胡适，甚至美国哈佛大学校长伊利奥博士等都曾登台演讲。

为讲解中国人“散”的弊病，张伯苓上课时经常带几根绳子请同学们在礼堂拔河演示，以此说明分散之害和团结的重要。据当时的南开校报载，一次，张伯苓带一把筷子上台演示，说：“筷子是大家常用的东西，若是一根根分开来，一用力筷子就折断了，几岁的孩子都可以办得到。但如果是将一把筷子合成一捆，大力士也无可奈何。”以此演示，说明“分则弱，合则强”[3]的道理。

许多年后，比周恩来高一年级的黄钰生回忆说：“张校长有口才，很能讲话。他的讲话，给我们的印象很深，有的终生不忘。”[4]

晚清以降，国家贫弱，民不聊生，国人精神萎靡、衣冠不整已成为社会普遍现象。张伯苓在强调知识分子“修身、齐家、治国、平天下”的理想时，先从精神振作开始，使学生知道无“修身”之道，后面都是空想和空谈。他以“一屋不扫何以扫天下”的道理力矫时弊，制定严格的校规，除对个别学生因吸食鸦片、酗酒、嫖妓、赌博和早婚等不良习气者一律开除学籍外，还明文规定：“体态松懈，言语蛮横，奇装异服，光彩华丽，凡一切惹人注目之行为装饰，皆行禁绝。”[5]

为把校规落到实处，学校迁址南开洼之初，张伯苓即与校董严修等制定了南开学校四十字镜箴：“面必净，发必理，衣必整，纽必结。头容正，肩容平，胸容宽，背容直。气象：勿傲，勿暴，勿怠。颜色：宜和，宜静，宜庄。”此乃从清代《弟子规》演化而来，南开根据新时代特点加以改造，推陈出新，方有此格言产生。

这四十字除印在纸上作为《新生入学须知》每人一份，另有严修亲书“容止格言”挂于学校教学楼进门处，下立大镜一面，供学生进出整理衣冠，端正形象，时刻记住格言内容并警示自己。为使学生能正确理解格言内涵，每逢新生入学，张伯苓都要在修身班予以讲解，略谓前两句既是对学生外表的要求，也是体格卫生的需要；其次是“气象”；

早期南开学校东楼入口处的容止镜

第三是“颜色”，若学生长期遵行，将来可代表南开之精神气质服务社会，云云。

“容止格言”四十字塑造了南开学子，使其成为现代社会开风气之先的分子。许多年后，南开校友公函嬿回忆道：“那时南开学生很讲姿态、仪容与神气，甚至于说话，都有一套南开的‘口语’，在任何场合中，总如鹤立鸡群，让人一看就觉得气宇非凡，知道那是‘南开的’。”[6]

“南开的”或“南开人”的音容风貌，不仅在中国社会各阶层引起瞩目，同样引起海外教育界的好奇和重视，美国哈佛大学校长伊利奥博士到南开学校参观访问，看到南开人的仪态和精神面貌与其他学校所见很有些不同，好奇中便向张伯苓询问。张伯苓哈哈一笑，什么话也不说，径直把这位校长领到教学楼的镜子前，指着上面的“格言”以英语加以解释。伊利奥博士听罢豁然开朗，连称这是东方的智慧在教育上的应用，有了这样的“格言”和严格训练，一定会产生智勇双全的人才。

有感于南开“格言”和现实教育相结合的“威力”，伊利奥回国后对此大力宣扬，引发教育界关注。1916 年，南开中学学生兼校报编辑周恩来在《校风》发表一则通讯：“我校事务室前所悬之大镜及上列格言，原为资警励全校师生所用。前次美人白崔克博士（Dr. Buttrick）来校参观时，睹之甚以为善。今格瑞里先生（Mr. Greene）致函校长索斯镜之合影，并请将格言译成英文，同行寄去以为纪念，藉俟归美时，公之彼邦人士。”[7]

通过哈佛大学校长以及白崔克、格瑞里等人的宣传，南开的“容止格言”引起美国媒体甚至是财团的重视，一些美国记者甚至著名的罗氏基金会都派人前来报道、参访，并把现场采风的照片与文章发表于美、加等海外英语报刊。一时间，南开的大镜和“格言”四方皆知。

在南开中学礼堂东南角，有张伯苓一间宿舍，他经常住在学校，便于找同事商量事务，同时也便于巡视学生学习情况，或找学生谈心。在学校少于一千人的时候，他几乎能叫出所有学生的名字，并告诉学生们，有事如果不乐意跟其他老师讲，随时可到校长办公室或宿舍去找他汇报，他一定认真对待。只要一有时间，张伯苓便深入学生中间，和学生打成一片，问寒问暖，了解学生的学习与生活情况，从而与学生建立并保持了亲密无间的关系。学生有些平时难以启齿的事情，也乐意向这位高大、庄重、慈祥的校长一吐为快。

在日常生活中，无论是在家还是在校住宿，张伯苓每天早睡早起，一年四季按规律起居生活。无论是穿长袍马褂还是西装革履，无论是旧衣还是新装，张伯苓无不穿戴整齐，打扮庄重得体。他常对师生说："人可以有霉运，但是不可有霉相。越是倒霉，越要面净发理，衣整鞋洁，让人一看就有清新、明爽的感觉，霉运很快就可以好转。"为此他还专门编了一句顺口溜："勤梳头勤洗脸，就是倒霉也不显。"这是说一个人越是在困难的环境里，越要把精神振作起来，不可颓萎下去。此为张伯苓的自勉，更是勉励师生积极向上，做新时代的建设者。

直到现在，南开校园仍流传着张伯苓戒烟的故事，尽管有多个版本，但大体意思相同，现举一例述之。

据王翁如《津门史缀》记载，有一次，张伯苓在操场的角落里看见一个叫刘文伯的学生在抽烟，便马上把他带到校长室训斥："南开学校是不允许抽烟的，抽烟是恶习，沾染上就除不掉了。"又说，"学生正在读书的时候，抽烟浪费钱，荒废学业，损害身体"云云。刘文伯站在那里，一转眼看到校长的办公桌上摆着的碟盘里放着半截雪茄，还有个玳瑁烟嘴儿，便说："校长的话很对，谢谢校长的教育，我一定改，从此不抽烟了！学生来学校，不只学教师的学问，也学教师的行动和其他一切。我本来不会抽烟，到这里看到有的教师抽，我……"张伯苓听罢，看看办公桌上的半截雪茄，忍不住笑了。站起身，说了一声："好！"便把烟碟中的雪茄和烟嘴儿一起扔到痰盂里。从此，张伯苓终其一生不再抽烟。

对此，南开校史专家梁吉生感慨地说，面对学生，“只为当时一句允诺，就更改自己多年的生活习惯，并且终其一生不违背，在古往今来的社会中，其有几人欤”！[8]

梁吉生先生所言，涉及一个人的诚信问题，这也是张伯苓一生教育生涯中认为最关键的问题。人无诚不久，无信不立。荀子有云：“言无常信，行无常贞，唯利所在，无所不倾，若是则可谓小人矣。”诚信是衡量一个人道德品质的标尺，也是与人长久交往和成家立业的基础，否则纵是有过人的天赋，也会寸步难行。1916年5月10日，张伯苓在南开修身班的演说中，专门就诚信与不诚信，甚至欺人、骗人、诓人的利害加以辨析。谓南开之所以有今日之成果，全赖“诚”字、“真”字和“信”字，如果靠欺人骗人募款、购地、建房、聘师、招生，那么除了南开不会存在，个人的身家性命可能也早不保矣。在现实社会生活中，“凡欺人者，即幸能欺所欺之人，亦必失认于旁观者，自损名誉，难逃人眼。若二人合谋欺一人者，其后必自相争，虽一时弄巧谲诈，使人莫我知，终亦未有不声闻于外者”[9]。

1916 年 6 月 28 日，张伯苓在南开中学第八次毕业仪式上，谆谆告诫诸生：“我所望于诸君牢记而守之终身焉者无它，‘诚’之一字而已。”并以袁世凯复辟失败为例，说明对人不诚之害：“袁前总统办事富于魄力，因应机警，即外人亦啧啧称道，然而一败涂地。其终也，纵极相亲相善之僚友亦皆不能相信，不诚焉耳。以袁一世之雄，不诚且不能善其后，况不如袁者。此吾少年最宜猛省者也。”最后，张伯苓强调：“是故‘诚’之一字，为一切道德事业之本源，吾人前途进取应一以是为标准。”[10]

张伯苓坚持以诚信精神教导学生，并把传统的道德基因和严正的社会规则植入学校文化，培育学生的公德心和公民意识，可谓用心良苦。1931 年 2 月，一个长久没有联系的前南开某学生，自日本致函张伯苓，请老校长为其举荐一个职位。张伯苓在复函中谓：“仆生平最重信实，对于吾弟造诣情形如何，目前非所得知。往日已成过去，虚言之既非所愿，实言之亦于弟无补，最好请吾弟别觅相当介绍，或不致误。”[11]

继这位学生之后，另一位已在太湖流域水利委员会工作的南开中学毕业生亦致函张伯苓，请为其出具一个南开大学毕业的证明。张伯苓阅后之心情虽不为外人所知，但心中极不痛快甚至厌恶已是必然，从回函即可见：“吾弟本系中学毕业，今竟托为大学毕业，殊属非是。委代发证明文件一节，事之本无，委实不知从何证记。我校对人向不取乎虚假，为吾弟所深知。歉之未能如命，想必蒙鉴谅于格外也。”[12]

张伯苓在天津南开中学东楼（今『伯苓楼』）前

正是由于张伯苓对社会守信，至公至诚的人格魅力，才为南开创造了光荣的历史地位，才使南开师生得到社会各界的普遍尊重与赞扬。

## 科学与文明的再造

抗战前期，张伯苓曾对南开师生说："我是一个学海军的，对于教育本是外行，因为有志于教育，所以才研究教育、办教育，干中再学，学了再干，尽毕生精力，干！干！干！今天已由一个外行变成为一个内行了。"[13] 此言大体不差，张伯苓确是这样带领南开学校的师生一路走过来的。

早在严、王家馆的时候，张伯苓就注意矫正千百年来八股文对中华民族思想的毒害，大力提倡科学知识，介绍西方科学文明，灌输新思想。到了创办中学与大学时期，张伯苓从日本和美国购买大量物理、化学等学科的实验仪器，为师生实验所用，其数量规模相当可观，"当时有西人到南开来参观的，认为在他们国内的一般中学里，能有这样设备的也不多"[14]。可见南开在现代科学教育方面，不但在中国名列前茅，即以世界范围论，亦并不逊色。

按校方规定，不论是南开小学、中学还是大学，凡基础课必由最优秀的教师上讲台，亲自讲授。中学到大学的理工课，更是极为重视科学训练，为此专门配备了先进的实验室和科学仪器，制定了较为完备的管理制度和操作规程，如此便保证了实验操作环节的顺畅、有序，又帮助学生提高了理解能力，提高了教学质量。课业中犹注重实习和实验，

20 世纪 20 年代南开大学化学实验室

即张伯苓说的“不要读死书、死读书”。实习和实验是新式教育，即现代教育的一个特点，非亲自为之不能理解其中奥妙，也只有亲自动手才能在物理、化学、工程甚至艺术方面，体会事物的本质与宇宙的道理。

教学如此，考试制度更是严格。按照校规，只要有两门功课不及格就要留级，没有任何通融的余地。在校学生每学期淘汰一次，课业是通过考试的分数来决定，道德品行方面要看是否违背校规，如果考试不及格或违反校规，对不起，无论是谁，或靠谁的关系进入学校大门者，一律淘汰。经过淘汰的班次人数不足，就重新并班或插班。当然，淘汰的学生也不是往社会上一推了之，任凭其在社会上混日子，毕竟是南开的学生，要给予一个改正或奋起的机会。具体办法为：发给转学证令其转学；或是准其降班重新学习。若查有品德不好的学生，屡教不改，无法上进，学期末即通知其自动退学，这个办法被学生称为“挡驾”。

民国时期在南开读书者（包括后来的重

庆南开学校），有军阀、政客、名流，如袁世凯、黎元洪、冯国璋、徐世昌、段祺瑞、张作霖、梁启超、朱家骅等家中子弟或亲戚，有些子弟即遭转学和降班处理。最明显的一例是时任教育部部长朱家骅之子，因学习成绩太差加之品德不好而遭退学处理，这在当时的教育界轰动一时。当然，张伯苓也遭到了朱氏或明或暗的报复，此为后话。

南开所设立的一系列制度和办法非常奏效，正如老学生邱真踪所言："用严格的方法淘汰学生是南开教育基本的方针，因此学生到毕业的时候一般水平比较高，在升学、工作、就业、从事研究以及出国留学上，都可以占上风。"[15]

南开大学成立后，先是办起文、理、商三科，下又分若干系，每系安排若干课程；有必修科，也有选修科。如理科有数学、物理、化学、生物四门，其他各科门类不等。但无论哪科哪门，均要求甚严。就理科言之，每一数学课，必有习题，星期一课的习题，学生务于星期三的课前交卷，而教授则必于该星期五课时阅毕发还，余类推。物理课程的实验，皆须做详细的报告。各科门类不同，但每人每学期要选 15 到 18 积点，每人每学年选 36 积点，四学年修满 140 积点，经校务会议通过，认为学习期满可以毕业，才由校长发给毕业证书，并授予学士学位。

张伯苓多次谈及，办好一所学校的条件和目标有很多，钱是极重要的；但最重要的不是钱，而是“选聘最好的教师”。没有好教师，房舍再好也没有用，不会出好学生，所谓“名师出高徒”是也。许多年后，南开第一届学生梅贻琦出任清华大学校长后，曾借用他的老师张伯苓的论点加以提炼、发挥道：“所谓大学者，非谓有大楼也，有大师也。”这个话，已成为至理名言，在教育界和社会广为流传。

南开学校大学部聘请教员，从一开始就定了极高的标准，多数为欧美留学生且是硕士、博士毕业的一等人才。享誉国际的著名物理学家吴大猷曾毕业于南开中学、大学，留美归国后又一度在南开任教，后至北大、

1929年，张伯苓赴美国考察教育期间，与时任清华留美学生监督的梅贻琦在一起

西南联大和加拿大任教、搞研究。后来获诺贝尔物理学奖的李政道，即出于西南联大时期吴氏门下。吴大猷在回忆其在南开一段不算短的时光时，列出了一连串至今闪耀着不朽光辉的南开大学早期聘请教授的名字：

梅光迪、佘日宣、司徒如坤（以上三位文科）、李道南、史泽宣、孙垒（以上三位商科）、邱宗岳（化学）、应尚德（生物）、姜立夫（数学）、饶毓泰（物理）、司徒月兰（英文）、蒋廷黻（历史）、薛桂轮（矿科）、李济（考古）、杨石先（化学）、徐谟、萧公权（以上两位政治）、黄钰生（心理）、何廉（经济）、汤用彤（哲学）、陈礼（物理）、徐允钟（化学）、萧蘧（经济）、李继侗（生物）、钱宝琮（数学）、唐文恺（商科）、冯柳漪（哲学）、张忠绂（政治）、刘晋年（数学）、张克忠（化学）、段茂澜（德、法文）、熊大仕（生物）、张洪沅（化工）、方显廷、陈序经、李卓敏、陈振汉、吴大业（以上五位经济）、谢明山（化工）。[16]

这一批人物，真可谓群星璀璨，光照华夏，极一时之盛。对此，吴大猷说："这些人中，有在校时即是极优异的教授，更有许多后来在学术上成'大师'的，在社会上成大名的。兹举一例，在南开大学创始初年，邱宗岳讲授化学课时，适美国罗氏基金会某君来参观，听邱师讲课，惊赞不已，该基金会旋捐 10 万元为建科学馆之用，又 2.5 万元为购置设备之用。”又说：“理科承邱、姜、饶、陈、应、徐、杨诸师的经营，建立甚高之课程水准，乃先后获中华教育文化基金会董事会的补助 16.5 万元。各科教学仪器设备及外国期刊，刻时或仅次于清华而已。”[17]

在外行看来，这些大师、巨匠，是离开南开大学之后，在更高的台阶起步跨上院士台阶的，南开的功劳有限。但在吴大猷看来，这种情形“更表示一极重要点，即南开在声望、规模、待遇不如其他大学的情况下，借伯乐识才之能，聘得年轻学者，予以研教环境，使其继续成长，卒有大成，这是较一所学校借已建立之声望、设备及高薪延聘已有声望的人为‘难能可贵’得多了。前者是培育人才，后者是延揽现成的人才。我以为一个优良的大学，其必需条件之一，自然系优良的学者教师，但更高一层的理想，是能予有才能的人以适宜的学术环境，使其发展他的才能。从这观点看，南开大学实有极高的成就”。[18]

吴大猷所言甚是，南开不但把一批自国外归来的优秀人才延揽到校园，予以适宜的学术环境，使其各尽其才，尽量发挥，若干年后终成大师，更重要的是，这批青年才俊成为大师的过程中，提升了南开的声誉，培育了一批又一批优秀的学生，而这些学生日后很快成为改造社会、建设新中国的坚强力量。早期培养的人才如梅贻琦、张彭春、金邦正、喻传鉴、伉乃如、华午晴等，以及成立大学之后培养的学生周恩来（政治）、张平群（外交）、张克忠（化工）、郦堃厚（化学）、郑通和（教育）、张兹闿（财经）、查良鉴（法律）、汪丰（外交）、刘晋年、江泽涵、申又振（以上三位数学）、宋作楠（会计）、殷宏章（生物）、吴大猷（物理）、崔书琴、成蓬一（以上两位政治）、陈省身、吴大任（以上两位数学）、吴大业（经济）、曹禺（戏剧文学）等等，恰是南开师生合力而结出的硕果，即“上述的教师阵容和这些学生，是南开声誉之所以由来也”[19]。

# 南开的戏剧活动

南开大学的文、理、商三科连同后来的经济、化工二研究所，成就闻名中外，而南开学校的社团组织更是盛极一时，名动社会各界。

张伯苓不止一次指出，中国人必须团结起来，相互合作，共同努力，才能使社会诸事走上轨道，才能救起这个多灾多难的中国。为“训练学生做事能力，服务精神，并培养社会领袖人才起见”[20]，张伯苓决定由学校派专人负责指导，在师生中成立各种各样的课外活动组织，即跨班级、跨学科、跨兴趣，有稳定组织的“会”或“团”等。如由喻传鉴主持的自治励学会、由周恩来主持的敬业乐群会、由张信天主持的青年会等，这些会的共同点，乃“一些志同道合的同学，为了鼓励学行而发起的组织。……‘敬业乐群会’和它的刊物《敬业》，因为出了周总理这样杰出的人才，今天享有盛名”[21]。

除上述几个“会”，另有三育竞进会、童子军、新剧团、国剧社、中乐西乐研究会，还有各种体育组织、广武学会，以及名目繁多的学术研究会、演讲比赛会等等，各种组织大多有自己的报刊在校内外出版发行，以广宣传，扩大影响。而这些团体中，又以南开新剧团和体育组织最为有名，为社会各界人士所知。

据南开校史记载，南开新剧团成立于清宣统元年（1909年），这是北方话剧的起始年。所谓新剧，即今天的话剧。当时在社会上流传的剧种如京剧、越剧、昆曲、黄梅戏、评剧、豫剧、吕剧等，都是以唱为主，而这个自欧美传来的新剧种，则是以说为主，且这个“说”不是当时传统剧的“道白”，而是平常话，因而有人把它叫作新剧，后来统称为话剧。而把话剧最早引入南开学校乃至北方戏剧界的人，就是张伯苓。

1908年，张伯苓去美国出席渔业博览会，顺便考察美国和欧洲一些国家的教育。在长达数月的考察中，张伯苓每到一所学校都看到丰富多彩的学生文化和愉快的社团生活。各学校体育场馆特别多，露天的有足球场、篮球场、排球场、棒球场等，其间夹杂着一些田径场地，可做赛跑、跳高、跳远、投掷等项目，皆十分活跃。而室内除了体育项目，还有文学艺术、戏剧、演讲等各种活动，特别是一种说话的新鲜戏剧，引起张伯苓极大兴趣。此前在国内看的戏剧都是以唱为主，没有看到过这种只说不唱，且题材与现代生活极为贴近的剧目。这个形式新颖、以对话和肢体动作为主要表现手段的艺术表演形式，给张伯苓很大启迪。如果说他的教育方针或是计划里有德、智、体、美全面发展的概念，这个新剧种，正是美育的一部分，且新剧可以根据现实生活进行编演，有强烈的时代性和现实指导意义，无论是演员还是观众，都能从戏剧里得到许多做人的经验。于是，张伯苓除观摩美国大学的戏剧演出外，还参观了许多社会新剧团，对演出的剧本、舞台、布景、化装、音响、灯光、道具等一系列现代剧的必备条件做了较为详细的了解，准备在南开学校进行演示。

1909年，张伯苓回国，时值南开建校五周年，校董们决定在校庆日（10月17日）举行一个小规模的活动以示庆祝。张伯苓决定在传统的茶叙、演讲、杂技等活动之外，再加个从美国学来的新剧节目，以广来宾与师生耳目，也算是对新式教育的一个呼应。这个想法得到严修与其他校董的支持。于是，张伯苓很快编写了一个剧本，取名为《用非所学》。接下来是亲自指挥、部署，率领师生在严家东院用木板搭了一个台子作为演出舞台，简单布置演出所需的布景、音响和其他道具，张伯苓自任导演且扮演剧中主角。校庆这天，张伯苓带领几个演员在来宾与师生的欢呼声中粉墨登场，从而揭开了南开学校以及整个北方地区话剧的序幕。而就这部新剧本身的意义言之，则代表着“南开新剧的起点，也是华北范围内新剧的发轫”[22]。直至几十年过去，南开师生与校友对此仍津津乐道：“三十年前，有些佳作，实属空前，而全剧寓意，至今价值仍不稍减，校长诚可谓我国话剧第一人矣。”[23]

此后数年间，每逢校庆或重大节日，张伯苓总要组织学生演出新剧，以至竟成惯例。有史可查者，1910 年演出了《箴膏起废》、1911 年演出了《影》、1912 年演出了《华娥传》、1913 年演出了《新少年》等这些题材、形式不一的新剧。这些剧目，除具有南开校庆的喜庆含义外，更有借以“练习演说，改良社会”之意。张伯苓还在全校集会上强调，“戏院不只是娱乐场，更是……教室，能改革社会风气，提高国民道德”，使学生知道演戏不只是“过戏瘾”，而要树立为改良社会而编演话剧的“吾校新剧观”。

南开对话剧初步做出实践，“每年临时召集，并未正式成立”剧团，演出很难做到经常化。张伯苓在总结这段实践后深知，要使话剧在南开真正发展起来，不能光靠临时召集，必须健全组织系统。因此，他把组织建设剧团提到日程上。1914 年，南开中学约有四百多人的时候，在张伯苓积极赞助下，正式成立了南开新剧团。是年 11 月 17 日，南开新剧团在学校礼堂召开了成立大会，此为中国北方第一个正规化和组织化的校园话剧团体。

从当时留下的史料可以看出，南开新剧团一开始就是高目标、高标准、高要求，组织严格，分工明确，各司其职。新剧团设正、副团长各一人，下设四个部，每个部由教师任部长，学生任副部长，这一安排，既体现了师生共同参与的原则，也保证新剧团不会因学生成员毕业、转学而影响编演活动的正常进行。第一届组织成员是：团长时子周，副团长伉乃如，编纂部尹劭询、陈刚，演作部马千里、黄春谷，布景部华午晴、周恩来，审定部由各部部长组成，相当于学术评议会。

当然，南开初期的话剧活动除组织不健全外，还有一个缺陷，即大都采取当时“文明戏”流行的“幕表戏”，排练时没有完整的剧本，只有一个故事梗概，指导者召集参演者把故事大致叙述一遍，分配角色后，每个演员上台后根据自己的角色随机发挥。如此一来，演员虽倾注精力全身投入，却难以保证演出的质量。当年演出的第一出话剧《用非所学》，曾有一个较为完整的剧本，但此后所编演的一批新剧，如《箴膏起废》《影》《华娥传》《新少年》《五更钟》《恩怨缘》《父子泪》《特国结婚》等等，都是幕表制。张伯苓在领导南开话剧运动中渐渐认识到：要想保证话剧活动的长久生命力，必须建立剧本制。1914年，随着新剧团组织的健全和分工的明确，张伯苓认为废除幕表制，建立剧本制的时机已经成熟，于是明确规定，演出必须先有完整的“稿本”。

1915年，南开校庆演出新剧《一元钱》，这个剧遵循张伯苓的教导，先集体创作剧本，待讨论、修改成熟后，再召集演员分配角色进行排练。因有剧本可循，演出时一扫杂乱无序甚至乱糟糟的状态。各个角色胸有成竹，从容镇静，一招一式，皆根据剧情发展而动，独白或对话也按早已设计的台词娓娓道来，使观众情绪很快融入剧情之中，并与剧中人物的命运一起歌哭。据南开史料载，《一元钱》后来经过改编，成为上海商务印书馆出版的一部最早的“活动画片”剧本。

当此之时，就读于南开中学的周恩来作为新剧团布景部副部长，既制作、管理布景又当演员。因时代的局限，当时南开中学没有招收女生，新剧女主角要由男生扮演，当时社会上新兴起的剧团也是如此。因而在《一元钱》中，就由周恩来扮演女主角孙慧娟。周恩来当时已是公认的美男子，扮演的孙慧娟机智聪敏，不畏邪恶，坚持正义，其出色的形象、台词和动作，赢得满堂喝彩。当大幕徐徐落下时，台下观看的张伯苓极为兴奋，

《一元钱》第七幕“好合”，右一为周恩来饰演的孙慧娟

一边鼓掌一边登台祝贺演出成功。待走到周恩来面前时，大声夸赞道：“你的粉墨登场，真是倾倒全场！”

1916年10月17日，为办好南开校庆十二周年的演出活动，张伯苓决定亲自抓剧本创作，且要走出校园，把眼光投向更广阔的社会，从现实生活中汲取艺术营养，拓宽剧本题材，使剧情更切近生活，为更多的国民大众服务。于是，在这年的暑假，张伯苓率领南开新剧团的骨干人员时子周、伉乃如、华午晴、周恩来等师生共11人，乘船赴天津郊区的高庄，住在李氏小学，一边体验生活，一边组织构思剧本。其间，“每日三两成群，搔首构思”。“事暇或旅行三数里外，或泛舟河渠之中，或观学校，或观稻田，又或促膝谈心，晚则拱月坐，互评稿本，可则而，不可则去。”[24]如是者凡四日，师生既体验了乡间生活，感知了劳动人民的疾苦，又在现实生活触发灵感的基础上，编定了剧本初稿《叶中诚》。

回到南开校园后，张伯苓把新剧团创作

的剧本呈给校董严修阅示，严氏找来同好林墨青一起“商改新剧词句”，最后决定将剧名《叶中诚》改为《一念差》，使剧名更加响亮，主题更加凸显。张伯苓与新剧团同仁表示赞同。庆祝会上，新剧《一念差》再放异彩，博得了校内外观众的一致好评。

南开新剧团经过逐年发展，不断壮大，好戏连台，人才辈出，影响由校园波及天津乃至整个华北地区。此一盛事如张锡祚所言：“每在校庆日公开演出，一连两日，真是万人空巷，轰动一时。布景、道具、服装和演员的化装乃至灯光，样样都不下于今日的话剧。那时我尚在幼年，给我的印象最深。我记得马骏同志，常扮演一个老妇，或是一个老人，表情是激昂的，常常引得我们落泪。还有周恩来同志，常扮演一个新女性，感情丰富，表情细腻，像在《一元钱》《一念差》《新村正》里都有他的角色，在当时是一个最能吸引观众的演员。外来看戏的，都在台下互相询问，哪个是周恩来？这是距今四十多年前的事了，于今思来，如在眼前。”[25]

周恩来参加演出《一念差》，右二为周恩来

当时有媒体报道周恩来的演技是“粉墨登场，倾倒全座”。[26]

南开早期的话剧活动正处于中国“文明戏”向现代话剧过渡时期，起到了导夫先路、引领潮流的作用。然而，新剧团自成立以来就面临导演缺乏的问题，经过多年的实践和时代的进步，无论是严修、张伯苓，还是新剧团的所有演职人员，越来越感到话剧除了要有剧本，还必须有一个统领全局的中心人物，即话剧的灵魂，这便是专职导演。正在这个时候，张伯苓的胞弟张彭春自美返国，便义不容辞地担起此重任。

张彭春作为南开第一届毕业生，与梅贻琦等同窗进入保定高等学堂学习。清宣统二年（1910 年），赴北京参加“游美学务处”第二届“庚子赔款”留学生资格考试，以总名次第 10 名、平均 67 分的成绩被录取。同榜被录取者有杨锡仁、赵元任、胡适、竺可桢、周仁等共 72 人。张彭春进入美国克拉克大学攻读教育学和哲学，三年后取得文学学士学位，1913 年夏进入哥伦比亚大学深造，师从著名学者杜威。1915 年夏，张彭春自哥伦比亚大学研究院毕业，获教育学与文学硕士学位；未久，回国返母校任教。

深受父亲的影响和艺术熏陶，天生具有艺术细胞和爱好的张彭春，在美国求学期间，除埋头为学位考试而必读的专业课外，大部分闲暇时光都投入到演讲辩论与戏剧学习研究上，尤痴迷、崇拜挪威剧作家易卜生的戏剧，并对其作品进行了广泛阅读和深入研究。与此同时，他广泛涉猎欧美戏剧家的作品，赴各戏剧团体观摩演出，自学戏剧理论与导演艺术，并尝试写作剧本。1915 年 3 月，张彭春创作的剧本《灰衣人》，发表于北美“中国学生基督教会”创办的《留美青年》杂志上，这个剧本比胡适发表于 1919 年《新青年》杂志、号称现代文学史上“第一个发表的话剧剧本”的《终身大事》，还要早四个年头。随后，张彭春又创作了《外侮》《醒》等剧本。“万事俱备，只欠东风”，张彭春所需要的就是要找一个舞台一试身手。

他的积累没有白费。1916 年冬，张彭春回到南开学校，与新剧团的成员一交流，继之上台一摆弄，门道立显，全体团员在大感惊讶、佩服的同时，要求张彭春加入新剧团予以指导。于是，在严修与张伯苓同意、奉派下，张彭春出任南开新剧团第一任副团长兼导演，时年 24 岁。

张彭春的加入，使南开新剧团如虎添翼，几个新剧登台亮相，艺术质量大增，人气更加旺盛，观者云集，一时出现了“本埠与外埠观众相当拥挤”，“入场券甫售即尽，而外间索购者纷至沓来，愧无以应”的盛况。[27]

1946年南开话剧创始人、校长张伯苓（左）与新剧团副团长、导演张彭春合影

此一情形正如张锡祚所言："仲述先生自美归国，他对于西洋戏剧，颇有研究，于是又编导了西洋名剧《国民公敌》《娜拉》《少奶奶的扇子》《争强》等剧本，演技艺术又比以前大大地提高了。这时万家宝先生正在中学读书，所受的影响不小，由此遂产生了这一位中国的大剧作家。他创作的《雷雨》和《日出》，又是后来南开话剧团所常常演

出的节目。”[28]

曹禺的加入，为南开新剧团注入了新的有生力量，这也是南开新剧团的鼎盛时期，无论是剧本还是表演、导演都进入一个崭新的阶段，在北方乃至整个中国话剧史上写下了光辉的一页。

## 南开的体育精神

海军学校出身的张伯苓，在学校的时候特别重视军事训练，对人的体质相当看重。甲午之役，国帜三易，使他深受刺激，终生难忘。而目睹“国内官吏之腐败，人民之无国家观念，实足伤心。反观外人体格之雄伟，回视国人之螳螂体式，更觉失望。默察中国之国土、天产，无一不及外人，所以不如人者，只有人的陶铸。所以发志办教育”。待张伯苓从事教育后，对人的体质重视和训练，自然成为一项责任和使命，即张伯苓所言：“自认教育与体育，绝不能分离。宗旨以训练团结、合作、健全之身心为目的。”[29]

对于近代中国的体育教育，张伯苓实乃开风气之先，此正如南开老学生黄钰生所言：“伯苓先生的教育事业，首先是体育。他是中国体育界的先进，这是公认的事实。早在他当严、王两馆私塾教师的时候（1892年），当士大夫阶级、读书人、学生，还是宽袍博带，端着长指甲，迈着方步的时候，他已觉悟到身体锻炼的重要，冒着当时的大不韪，带着他的学生跳高、跳远、踢球、赛跑。”[30]

当时社会上体育器械还不多见，张伯苓便仿照水师学堂的体操器具，绘制哑铃和棍棒图纸，请人制作。教学生跳高时，没有跳高架，便用木椅架一把鸡毛掸子代替。竿子升高时，张伯苓便在椅子上垫书本或几块木头。没有木马，就让学生屈身，两手撑膝，排成一列，然后鱼贯腾跃，代为木马练习。

1907年10月24日，天津第五届校际运动会在天津基督教青年会礼堂举行颁奖大会。会上，张伯苓发表了题为《雅典的奥运会》的演讲，他说：“此次运动会的成功，使我对吾国选手在不久的将来参加奥运会充满了希望。……我国应立即成立奥林匹克运动队。”这是中国人历史上第一次提出要参加奥运会，接下来的问题自然而然：中国何时派一位胜利选手参加奥运会？中国何时派一支胜利队伍参加奥运会？中国何时能举办奥运会？这就是张伯苓为国人点燃的三个奥运梦想。

就在领奖会的四天后，南开学校搬到“南开洼”，体育课程主要是兵式体操，聘请一位体操教师指导学生训练。其他课程同样是业余性质，但各式各样的训练开始展开，校园里充满虎虎生气。只是专业的体育教员短缺，各个项目的教师只好从校外聘请。在黄钰生的印象里，“辅导篮球，有个叫赛勒的美国人；练短跑，有个叫朱神勉的华侨；练跳高，有个叫万克教英语的美国教员……诸如此类”[31]。

当然，张伯苓不仅重视男生的体育，同时也重视女生锻炼。一切运动项目，男生有者女生亦有，他不但要求男生是文武全才，而且要求女生也要能文能武，此为张伯苓教育理念和方针的一个重要组成部分。

1915年之后，南开的体育更加规范化，凡是学生社团，都有“体育部”，各年级各班都有形式不同的体育队。社团与社团之间，各年级各班之间，有各种各样的竞赛。1916年，南开学校体育由单轨制发展为双轨制，体操与运动并行，实行“强迫运动”。学校设立了专门管理体育教学与体育运动的行政部门，先以孟琴襄为主任，不久由章辑五专任体育主任。体育老师都是从国内各体育专

南开大学女学生在上体育课

校聘请来的优秀毕业生，如文进之、侯洛荀、齐守愚、陶少甫、李飞云等，均具备教学专业与特长，上课严肃认真，一丝不苟，深受学生敬爱。为保证每个学生每天都能有一定时间的体育活动，校方规定每天下午三点半后实行“空校”，即学生必须走出教室，去参加体育锻炼或其他社团活动。而张伯苓本人也是体育场上的积极分子，每当南开与兄弟学校比赛，往往他都是场外站脚助威的一员，有时他还与教师一起进行体育活动。

据南开史料载，周恩来在南开中学读书时，是班级体育的先锋人物，当时以班为单位组织比赛。周恩来是本班“勇”队篮球队的6名队员之一，也是“勇”队排球队主力和足球队的中锋。在业余竞赛中，周恩来所在的“勇”队篮球队和排球队均获得过冠军。

尽管南开是私立学校，办学经费紧张，但张伯苓在体育设施上却舍得花大钱，因而，就全国各校的体育设施论，南开是最为完备、先进的学校之一。到20世纪20年代中期，南开大学和中学共设篮球场15个、足球场5

个、排球场6个、网球场17个、器械场3处、400米跑道大运动场两处、冬季滑冰场一个；单杠、双杠、木马、吊环、平梯、吊绳、吊杆、天桥、跳箱等轻重器械齐全，就连新式米客握力器、全套试脚力与背力器、马表式手枪、手球、护膝等都从美国购来，现身校园，形成一道独特的风景。许多年后，张伯苓回忆这段往事的时候，曾对前来采访的记者说："教育里没有了体育，教育就不完全。我觉得体育比什么都重要。我觉得不懂体育的，不应该当校长。民主政治亦即是体育精神。体验过体育中的竞争、团结、合作以后，推行民主政治要有力得多。"[32]

有了这样一种认知，张伯苓希望以体育增强国民体格和团结互助精神，养成健全人格，并强调"教育无论在学校与社会，必须德、智、体、群四育并重，不可偏求于知的智育"，要"造成德育、智育、体育完全发达"的人才。[33] 而"最要者学校体育不仅在技术之专长，尤重在体德之兼进，体与育并重，庶不致发生流弊。故体育道德及运动精神，尤三致意焉"[34]。

20 世纪 20 年代的南开大学运动场

张伯苓因为对南开教育的贡献以及他本人具有的先进体育理念和才能，民国时期所举办的历届全国运动会，皆由张伯苓担任总裁判长。1913年之后，张伯苓曾任第二、第三、第九届远东运动会中国代表团领队和第三、第五届远东运动会总裁判，被公认为是亚运会与奥运会的先驱者之一。

在十二次华北运动会比赛中，南开取得四次团体总分第一名、一次第二名、两次第三名，并有郭毓彬、逯明等三人获个人总分第一名的出色成绩。

担任华北体育联合会会长时的张伯苓

1916年，南开中学召开春季运动会，因采取普及主义和计分法，上场的运动员比往年为多，有数个项目成绩打破了前一年华北运动会的纪录，尤其是新学生进步甚速，而高年级的学生落败者不少。

张伯苓通过现场观察，认为此一情形的发生，实与高年级学生自满自大，而新学生谦虚好学、积极进取有关。对此，张伯苓在“修身班”上对老学生提出了严厉警告，谓：“凡人做事切忌自满。自满者，做事不成功之兆也。汝等不可自满，生存一日，即应求一日之进步。”又说：“竞争时，或因好胜之心过大，而不免有不正当之举动，此最宜切戒也。即使用不正当之法，幸能胜人，而于道德已有碍矣。大凡有真才能者，必不肯用不正当之法以求胜人。”[35]

在本次举办的南开全校运动会上，张伯苓还观察到一个不良现象，即有几班跳高运动员专门拿横杆有弯曲者而用之，谓此前某班跳高选手亦如此做法云云。张伯苓认为此举太不像话，严肃批评道：“在校见他人用弯杆，己遂效之，而不问用弯杆之正当否也，则他日出学校入社会，人皆用弯杆，尚能望其独用直杆乎？曰人用弯杆，而我用直杆，我岂非傻哉！曰：然欲成事者，须带有三分傻气。人唯有所不为也，而后可以有为。不问事之当否，而人为亦为，滔滔者皆是也。”继之，语重心长地告诫道：“林肯有云：‘虚诈可欺少数人而不能欺全世界，可欺人于一时，而不能欺人于永久。’其言信也。虚诈之事，一旦发露，人将群起而攻之，可不惧哉！人思至此而犹不免退自返者，是在智识为不足，在道德为软弱也。”[36]最后，张伯苓勉励所有同学，运动场上胜败乃兵家常事，凡南开学生务要做到胜不骄、败不馁，而后才能成大事，为国家民族做出更大贡献。

此后的几年中，南开体育突飞猛进，一路高歌，陆续组建的各项目代表队，四处出征，八方鏖战，很快创出名气，闻名全国。仅田径运动方面，南开中学号称“大金刚”的张颖初同学、“二金刚”的逯明同学皆为全国“五项”“十项”运动冠军；田径名将周兆元同学连获 100 米、200 米华北区冠军；张曙明同学获 400 米冠军。校内组织的各种球队更具独特魅力，南开棒球队获得全国冠军一次；篮球队荣获华北赛区冠军和全国冠军各一次；足球队、排球队在华北赛区多次获得冠、亚军。

1924 年，以南开青年篮球队为主力，与北洋大学的前锋黄玉铜、清华大学的中锋冯灿洲组成华北区篮球代表队，由南开学校校长、全国体育总会主席张伯苓率领来到武汉，参加当年5月在汉口举办的第三届全国运动会篮球锦标赛。参加这场赛事的有华东队、华南队、华北队，经过几场拼搏鏖战，最终华北队夺得了全国冠军。而南开学校上场的五人，中锋李世珍、右锋刘洪恩、右卫徐金贤、左锋张增贤、左卫凌国彦，体力充沛，配合默契，战术精湛，被誉为南开“老五虎将”。

1925年，由南开中学一年级学生王锡良、

南开足球队

李国琛、魏蓬云发起组织“篓子”篮球队，意以此名激励自己。后来“篓子”队又加入刘建常和唐宝堃，这五人个个生龙活虎，敢打敢拼，不畏强敌，球艺发展迅速，实力强劲。到了三年级时，南开青年队代表南开外出比赛，“篓子”队五人全部入选校队，这便是后世所说的南开“新五虎将”。

由“新五虎将”加入的南开校队，经过勤学苦练，重返篮球运动巅峰，超群的技艺与完美的配合，再度令人刮目相看。一时间，

南开篮球队

南开中学代表天津出席华北运动会各项赛事的选手

南开篮球选手成为全国体坛一道亮丽的风景线，而“新五虎将”自然成为这道风景线上耀眼的明星。

1928 年，南开校队赴太原参加华北赛区男篮比赛，先后击败久负盛名的北京师范大学代表队、燕京大学代表队、东北冯庸大学代表队，以及山西山左、山右两个大学代表队，一举夺得华北赛区冠军。

手捧奖杯的“新五虎将”及其队友自太原凯旋津门，受到南开师生的列队欢迎，大家把“新五虎将”及其他队友抬起来，在欢呼声中分享胜利的喜悦。张伯苓校长更是喜得合不拢嘴，亲自接见各位代表，发表热情洋溢的讲话，鼓励大家“戒骄戒躁，不要自满，总结经验，继续前进，迎接新的战斗”[37]。

张伯苓的心血没有白费，他的“德、智、体、群全面发展”的教育理想，在南开基本得以实现。此正如胡适所言：“伯苓当年的教授法已极新颖，堪称为现代教育而无愧色。所授课程且有英文、数学和自然的基本学识，

20 世纪 40 年代重庆南开中学团体操

尤注重学生的体育。伯苓且与学生混在一起共同做户外运动，如骑脚踏车、跳高、跳远和足球之类。同时注重科学和体育，师生共同学习、共同游戏。张氏于此实为中国现代教育的鼻祖之一。”[38]

参考文献

[1] 胡适 . 以教育救中国的张校长 [M]// 刘末鸣，韩淑芳 . 先生归来兮 . 北京：中国文史出版社，2020.

[2] 龚克 . 张伯苓全集（第一卷）[M]. 天津：南开大学出版社，2015.

[3] 郑光 . 张伯苓传 [M]. 天津：天津人民出版社，1989.

[4] 黄钰生 . 南开中学的集体生活 [M]// 申泮文 . 黄钰生文集 . 天津：百花文艺出版社，2009.

[5] 侯杰，秦方 . 张伯苓家族 [M]. 北京：新星出版社，2018.

[6] 梁吉生，张兰普 . 张伯苓画传 [M]. 成都：四川教育出版社，2012.

[7] 校风，1916-4-17.

[8] 同 [6].

[9] 王文俊，梁吉生 . 张伯苓教育言论选集 [M]. 天津：南开大学出版社，1984.

[10] 同 [9].

[11] 梁吉生，张兰普 . 张伯苓私档全宗（中卷）[M]. 北京：中国档案出版社，2009.

[12] 同 [11].

[13] 张锡祚 . 先父张伯苓先生传略 [M]. 天津：南开大学出版社，2016.

[14] 同 [13].

[15] 邱真踪．要求中国，非从教育入手不可 [M]// 刘未鸣，韩淑芳．先生归来兮．北京：中国文史出版社，2020.

[16][17][18][19] 吴大猷．怀念张伯苓与南开“特色”[M]// 刘未鸣，韩淑芳．先生归来兮．北京：中国文史出版社，2020.

[20] 南开四十周年纪念校庆特刊，1944，10.

[21] 同 [4].

[22] 同 [5].

[23] 校风，1915-9-13.

[24] 校风，1915-9-27.

[25] 同 [13].

[26] 同 [6].

[27] 校风，1915-10-18.

[28] 同 [13].

[29] 张伯苓．体育与教育 [M]// 刘未鸣，韩淑芳．先生归来兮．北京：中国文史出版社，2020.

[30][31] 同 [4].

[32][33] 张伯苓．答上海新闻报记者的谈话 [J]. 南开校友（第二号），1946.

[34] 同 [20].

[35][36] 张伯苓校长修身讲演录 [J]. 校风，1916-5-15.

[37] 王锡良．忆当年南开“五虎”鏖战南北 [M]// 刘未鸣、韩淑芳．先生归来兮．北京：中国文史出版社，2020.

[38] 胡适．教育家张伯苓．胡适文集（2）.[M]. 北京：人民文学出版社，1998.

# 04

# 允公允能
# 日新月异

## 南开校训

1934年10月17日，是南开学校建校三十周年的纪念日，南开学校大、中、女中、小学四部师生共同参加了盛大的校庆会。此次校庆为社会各界所瞩目，河北省主席于学忠赠送大钟一座，天津市市长王韬、河北省教育厅厅长周炳琳、清华大学校长梅贻琦等政要名流纷纷前来祝贺。就在这次庆祝会上，张伯苓郑重宣布，南开学校的校训为："允公允能，日新月异"。所谓公，就是爱国爱群之公德；所谓能，就是服务社会之能力。而日新月异，指不单是日日求新，还要走在时代前头创新。

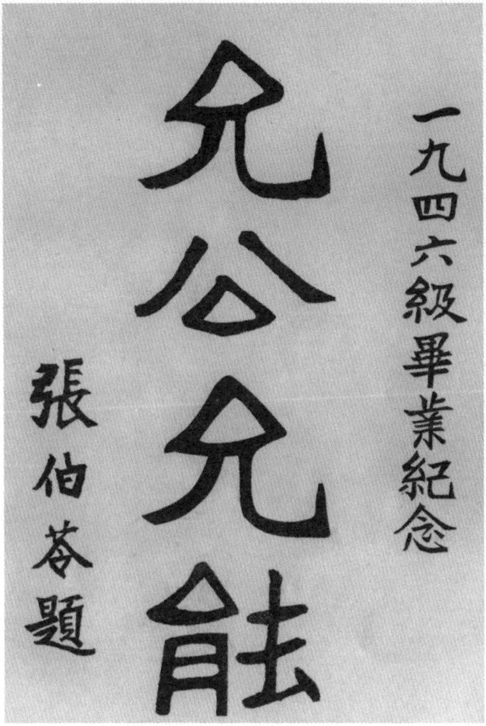


这是张伯苓为南开毕业生题写的校训

南开学校肇建于清末，面对国势衰微，张伯苓为当时社会风气的愚昧无知、颓靡不振而痛心疾首，遂总结出愚、弱、贫、散、私“五病”，因而他在投身教育后，制订出五项方针，以矫正诸病，同时对国民性加以改造。倏忽三十年过去，随着南开四部成立，在校学生达三千人，意味着张伯苓的事业达到一个高峰，理想也部分地得以实现。然而，时代是发展的，国内外形势随时都在变化，当年的大清帝国早已灰飞烟灭，代之而起的是中华民国。日本军队正占领中国东北，围困华北，国难日重，中华民族亟待团结起来，以现代化的思想、眼光和科学知识，应对世界变局。张伯苓的教育方针与时俱进，由原有的“五项教育”转化为“公能教育”，于是，便有了南开校训的产生。

所谓“允公允能”，语本出《诗经·鲁颂·泮水》：“允文允武，昭假烈祖。”允公允能，意为既有公德又有能力，德才兼备，即培养具有“爱国爱群之公德，与夫服务社会之能力”者。如果说民主革命的先行者孙中山先生的理想、目标以及他的思想体系和基本精神，都浓缩在“天下为公”四字之中，那么张伯苓提出的四字校训又有扩充之。张伯苓提出的“公”字，是“大公”而不是“小公”。若以“小公”视之，则成为本位主义。

唯其“大公”，才能高瞻远瞩；唯其“大公”，才能正己教人，发扬集体的爱国思想，消灭自私的个人主义。

此为张伯苓教育学生的第一功。“唯‘公’，故能化私，化散，爱护团体，有为公牺牲之精神。”[1]而在社会和一个团体里，每一分子若不为大公，这个团体一定不会有力量。因而张伯苓说：“南开教育是要铲除中国人的病根：自私同不合作。要培养复兴民族的力量：团结为公。”同时，张伯苓声明：“大家事大家做，南开不是我一个人的南开，是大家的南开。”此一声明得到南开师生的高度认可，校庆当天，《南大半月刊》发文表示：“南开能有三十年的历史，就因为这个学校虽是‘私’立，而实能‘公’开，大公无私地做事，方能无弊，而才能不为恶势力所摧残，只有为公的事业才能悠久，才会光大。”[2]

所谓“允能”，是指要做到有服务社会的能力。要建设一个现代化国家，必须要有现代化的人才和科学才能，而南开教育的目的，就是培养具有现代化科学才能的人才，这类人才必须道德高尚、知识渊博、体格强健，即有德能、智能、体能、技能、实干能力、创新能力、心理应变能力，即是科学知识和现代精神武装起来的复合型人才，“唯‘能’，故能去愚，去弱，团结合作，有为公服务社会之能力”[3]，才能使中国人摆脱愚昧，繁荣富强，屹立于世界民族之林。

所谓“日新月异”，典出西汉戴圣《礼记·大学》：“汤之盘铭曰：‘苟日新，日日新，又日新 。’《康诰》曰：‘作新民 。’《诗》曰：‘周虽旧邦，其命维新 。’是故君子无所不用其极。”其意乃每天都在更新，每月都有变化，指发展或进步迅速，不断出现新事物、新气象。

张伯苓把这个成语作为南开校训，意在向师生表示时代在前进，南开师生自然要紧跟时代，不断创造新的文明成果以引领社会前进，不要成为时代前进的累赘，或被新的时代淘汰出局。南开学生自小学到大学毕业，需要 16 年的时光，而展现在师生眼前的，就是不断变化的南开，不断进步的南开。南开可谓时时在变、时时在长、时时在向前发展。为赶上时代和跨越时代，南开又在张伯苓主持下，在大学部相继成立了经济研究所，增设工科，设化学工程和电机工程两系，复于1932年成立应用化学研究所等学术研究机构，向着世界一流大学的高度迈进。这一切，便是张伯苓向师生们诠释的“所谓日新月异，不但是要能接受新事物，而且要成为新事物的创始者。不但要赶上时代，而且要走在时代的前面”。[4]又说：“保持着你们的生活，使它永新；保持着你们的精神，使它永新；本着新的精神，来应付这人生一切的问题。”[5]这便是张伯苓制定南开校训的真谛和南开的真精神。

## 东北研究会成立

南开学校虽是“私”立，而实能“公”开，大公无私地做事。这个“公”不只体现在校内财务、人事制度以及学生人人平等上面，更重要的是体现了教育本质和学术研究之“公”，即胸怀天下、以国家兴亡为己任之“公”，亦即张伯苓强调的“知中国”“服务中国”之“公”。正是因为有这个“公”为主导，才有了张伯苓的东北之行，以及南开东北研究会的成立。

20 世纪初，日本军国主义者便以种种借口，在中国东北地区屡屡制造事端，企图以武力侵略东北乃至中国的野心急速膨胀。1921 年 12 月 25 日、26 日，日本东京帝国大学教授矢野仁一，在大阪《朝日新闻》发表《中国无国境论》一文。1922 年，矢野又在《外交时报》新年号炮制出《西藏，满洲，蒙古非中国领土论》，悍然叫嚣中国的边境是在和列强交涉过程中才逐渐确定的，此谓“真的国境”，而传统中国的边疆往往是云水缥缈间，中央政权不能直接影响的地带，可以称为“假的国境”云云。矢野的叫嚣得到一部分日本同行的认可，同为东京帝国大学教授的内藤虎次郎，与矢野仁一沆瀣一气，曾在 1914 年抛出《支那论》，谓“中国是一个文明而不是国家”，并认为日本对中国的侵略，是使中国（文明）重新拥有青年活力，使中国实现国民国家的必要手段云云。矢野与内藤的胡言乱语以及对中国的恶意诋毁，正中日本军国主义者下怀，一时间，此种歪理邪说甚嚣尘上，成为日本侵略中国的“理论基础”。

1927年7月25日，日本首相田中义一给天皇上了一个秘密奏折，标题是《帝国对满蒙之积极根本政策》，明确表示：“如欲征服中国必先征服满蒙；如欲征服世界，必先征服中国。……满蒙非支那领土，兹所谓满蒙者，依历史非支那之领土，亦非支那特殊区域，矢野博士之研究，发表正当，故支那学者无有反对我帝国大学之立说也。”该奏折从军事行动、经济、铁路、金融、机构设置等方方面面，对侵略行动作了详细的安排部署，字字句句无不彰显日本帝国主义武力侵吞中国及整个亚洲的狼子野心。

然而，面对如此局势，中国最高统治者却视而不见；军阀们仍在无休止地内战，四处搜刮民脂民膏，置国土沦丧、百姓生存而不顾；多数国人则一如既往萎靡不振，苟且偷生。此正如傅斯年所言："中国之有东北问题数十年矣。欧战以前，日俄角逐，而我为鱼肉。俄国革命以后，在北京成立《中俄协定》，俄事变一面目，而日人之侵暴愈张。所谓'大陆政策''满蒙生命线'者，皆向我施其露骨的进攻口号，而国人之酣梦如故也。"[6] 而机警灵敏、心怀救国图存之志的张伯苓，乃决定亲自到东北走一趟，以察明实情，思考办法。

1927 年 8 月，张伯苓在主持过第八届远东运动会后，便由上海乘船到达东北地区。他一路从奉天至长春、吉林，再返长春后至哈尔滨，回奉天至安东，过鸭绿江至朝鲜宜川，复由新义州至安东、奉天、本溪阁，再由奉天回天津，其间受到东北当局和教育界热烈欢迎。张伯苓除考察东三省的教育状况，对日本、苏联、朝鲜等国人的精神面貌亦有所接触和了解，他的深切感受是："日人办事最为灵敏，组织便利，遇事争先；俄人身体长大，动作粗笨；朝鲜愤不平，卧薪尝胆。”但给他印象最深的是中国人颓靡不振的精神状态，而且“遇事推诿，不善组织，私事尚肯为力，一遇公事，则非营私即舞弊，唯尔诈我虞，故冰消瓦解”。他认为这是“中国最可危险之事也”。当然，让他最受刺激的是，日本帝国主义者对东北各个方面的渗透与侵略，有的是暗中操作，有的是明火执仗地劫掠侵吞，其恃强凌弱之行径，令人不忍闻视。

对此，张伯苓每到一处便以他的爱国之志和绝佳口才，为各界人士以及学校师生演讲抗日救国之道，鼓励国人“全体一致，联合以敌外人”。当他受教育界人士邀请在吉林、奉天二省演讲时，有知识分子特别是青年师生，“皆恐将来为日人所并，其痛彻之语，有令人不忍闻者”。张伯苓以悲壮之情激励道：“此非一二省之问题，乃全国之问题，盖二省不同朝鲜，即不幸为日人所夺，然与中国同文同种，绝无截而为二之理。苟其人心不死，则中国地大人多，日人必不能安然得之。”听者为之动容，有感愤而流涕者。

当他受奉天省教育会会长之约，为当地教育机关和学校师生演讲时，面对台下五六百人的听众，张伯苓根据自己的观察和体会，结合中国面临的紧迫时局，慷慨陈词道：“今日中国第一要策，即在教育培养有干才之领袖，以养成一强有力公正无私之政府，方可以御外。不然仍如从前之松惰，则非人之亡我，实我自亡矣！”临别时，张伯苓再次号召大家，在没有产生一强有力公正政府和干才领袖之前，大家首先要自我振作起来，做救亡图存之行动，并“借助全国民众的奋起抵抗，才能拒日本侵略者于国门之外”。[7]东北一行，张伯苓在各地共演讲 39 场次，听者深受震动，精神为之大振，张氏本人也是感慨万千。

回津后，张伯苓相继在南开大学部、中学部作报告，题为《东北归来对旅途情形及东北现状的感想》，他颇有感触地说：“不到东北，不知中国之博大；不到东北，不知中国之危机。”他提醒师生，要有效遏制日本之侵略，首先要清楚日本侵占东北之计划和部署，我们的救国之目的才不至于妄谈。“鉴于东北资源蕴藏丰富，有待开发，而东邻日本，又存心图谋我东北甚急，须要急谋对策。”[8] 随之便有了满蒙研究会（后改名为东北研究会）在南开的设立。

1928 年夏，张伯苓即以南开大学历史学教授蒋廷黻、法学教授萧遽、经济学教授何廉，文学、教育学教授张彭春，植物、生态学教授李继侗，日语教授傅恩龄等名流，

20 世纪 20 年代末，南开大学东北研究会在黑龙江考察

组成东北考察团，前往东北地区实际考察调研、收集资料，“用科学的方法解决中国之问题”[9]。在一个多月的时间里，考察团深入东三省多个机关、部门以及学校、矿区、农村调查，特别注重对铁路、公路、矿产资源、造船厂等方面的调研。

据蒋廷黻回忆说，到达松花江畔的吉林，在日本压迫下那里正修建一条铁路，他们向测量工程人员了解情况，“有人小声告诉我日本的阴谋计划。那里有恐吓，也有仇恨”[10]。

回津后，考察团成员通力合作，根据调查的材料编印了《日本问题专号》，对日本军国主义侵略东北的野心加以揭露。继之写出《东北经济资源与发展》研究报告和《满洲》一书，提交给太平洋国际学会组织，揭露日本帝国主义侵略中国的阴谋，并就东北问题表明中国的严正立场。再后来，张伯苓请傅恩龄把日本南满铁路株式会社研究部出版的有关东北地区自然资源、经济环境、人文地理等情况的资料汇集起来，编成约20万字、较为全面反映东北地区风貌的《东北地理教本》

一书，以此为教科书在南开中学高年级学生中开设必修课程，从而“教导学生加深了解何以东北对祖国是那样重要、神圣”[11]。此一做法开创了在关内学校专门就东北地区开设专一课程的先河，成为前无古人、后恐亦无来者的创举，而“这个创举，可以向近代世界各国所有的中学挑战”[12]。

《东北地理教本》（下册）书影

## 危难中的南开

1931年9月18日晚，日本驻中国东北地区的关东军，奉令炮轰沈阳北大营，向中国东北边防军发起进攻。当晚，日军攻占北大营，次日占领整个沈阳城。三天内，长春、吉林陷落。未久，30万东北军一枪不放向关内撤退，日本关东军趁机四面进攻，中国东北三省全部沦陷，三千多万父老成为亡国奴。这就是震惊中外的九一八事变，也是“天才的爱国主义者”傅斯年认定的“第二次世界大战逻辑的开始”[13]。

事变突发，举国震惊，社会各界纷纷给予南京国民政府和坐镇北平的张学良副司令，以及张氏节制的东北军有力声援。9月22日，张伯苓被推选为天津抗日救国会、天津中等以上学校抗日联合会主席，旋于南开学校召集全体师生发表了题为《东北事件与吾人应持之态度》的演讲，以誓死反抗外来侵略的爱国姿态，决与南开师生共赴国难，共御外侮。一时间，整个天津掀起了抗日爱国热潮，学生们开始在校内外游行示威，乘车船赴首都南京向国民政府请愿……

面对如此声势浩大的抗日热潮，骄狂的日本军国主义者，越过山海关一线继续向华北攻击。时在天津的日本帝国主义者，认为南开学校师生游行示威最为激烈，对秘密派出骚扰的便衣队打击最强，是抗日前线指挥部，因此必须施以颜色，遂于12月5日命令驻扎天津日租界的日军驾驶铁甲车，携枪架炮冲出营门，直奔南开大学门前桥头，架起机枪对校园师生予以威胁。

时天津的日本租界海光寺兵营正处在南开中学与南开大学之间，日本人见桥头威胁没起作用，索性抬枪架炮进入南开大学操场进行实弹演习，并对着教学楼架设机枪，做射杀状，以此对师生进行恐吓。然“南开师生们深知日军的伎俩，置之不理，照常上课。日兵虽恨之入骨，也无可如何”[14]。

随着东北全境沦于日军之手，很多在南开就读的东北籍学生失去了与家人的联系，经济来源断绝。这些家破人亡、孤苦无依的学生含泪到张伯苓校长面前，寻求理解与支持。张伯苓与校董商讨后，很快做出回应：凡家在东北的南开学生，其生活费全部由学校暂垫，学费可以缓交。对于因战乱而流亡关内的东北大学生，不管就读于哪所学校，只要本人愿意，可转入南开插班继续学业。为鼓舞南开师生特别是东北学生的士气，激励大家的抗日爱国热情，张伯苓特撰一副对联挂于学校礼堂主席台两侧，联曰：

莫自馁，莫因循，多难可以兴邦；
要沉着，要强毅，立志必复失土。

张伯苓多次借修身课的机会，站在大礼堂对联处，向学生们宣讲抗日爱国精神，鼓励学生与国家共进退，与民族共荣辱，团结一致，抵御外侮，誓不做亡国奴。每次演讲毕，学生们总是热血沸腾，含泪欢呼。

1932 年初，日军在上海发动一·二八事变，继续扩大对中国的侵略。面对民族危亡的进一步加剧，张伯苓更加积极地投身于宣传全国上下共同抗敌的进步活动中。在张伯苓的感召下，南开师生自发组织起支持十九路军抗日募捐队，张伯苓带头募捐，以示支持抗日。

1933年2月21日，已占领东三省的日本军队，向热河省展开攻击。装备不良、士气低落的东北军闻风溃退，非降即窜，日军如入无人之境。3月4日，承德失守。继之热河全境沦陷，长城关口洞开。“平津摇撼，薄海同惊。”日军乘胜分兵数路，攻向长城东部各主要关隘，锋芒直指平津。

面对危局，社会各界一片哗然，纷纷谴责国民政府不抵抗政策，抗战呼声四起。迫于国内外的社会舆论压力，正在组织“剿共”的蒋介石，不得不从南方抽调中央军第十七军徐庭瑶部北上，与西北军、东北军等共14个军20余万人，由军事委员会北平分会代理委员长张学良指挥，分布在长城各口，与来犯之8万日军和伪军数万人展开激战。二十九军三十七师师长赵登禹，率队在喜峰口附近与日军展开肉搏战，官兵手提大刀，杀声震天，几处高地失而复得，四千余日军成为刀下之鬼。

长城血战仍在继续，全国抗日热情越发高涨，南开师生同样欢欣鼓舞，张伯苓激动

1932 年南开师生慰问长城抗战将士

之余，遥望北方，夜不能寐，手书一封寄往前线，慰勉将士“努力杀敌，为国争光”。继之，在张伯苓指导下，南开学校师生组织救护队、看护队、慰劳队等各种团体，亲赴前线给作战将士以实际上的支援。对此，长城抗战前敌总指挥、二十九军军长宋哲元将军特在《大公报》上发表“鸣谢”：

敬启者：敝军奉命抗日，侥幸破敌，本为军人之天职，谬蒙各界之赞许，或以军实援助，或以食品慰劳，拜嘉惠而滋惭，感云情而激奋。哲元忝总师干，愧无酬报，唯有拼命杀敌，用副厚望。谨率全体官兵登报鸣谢，尚希鉴察。

陆军第二十九军军长宋哲元
率全体官兵鞠躬

计收到天津南开学校捐助背心一百三十件，旧棉袍、旧皮袄、棉裤、旧毛衣、手套、毛绒手套共八十三件，绷带布五百十六斤，饼干八百磅，药棉花一百五十磅，肥皂三百块，担架床一百架，手术台十架，留音机二具，唱片三十二块，钢针六合，慰劳纪念章五枚，望远镜二只，画报十九本，咸菜五十斤。以上各品已由该校师生张锋伯君、丁辅仁君等四十五人携带赴前方慰劳救护。[15]

南开师生此一行动，得到了校方与社会舆论的肯定与赞扬，赢得了抗日救国知识分子的荣誉。

1934 年 10 月，第十八届华北运动会在天津召开。此时日军已对平津形成包围态势，全面侵华战争一触即发。平津地区的北大、清华、南开等高校，成为抗敌救国最顽强、最激进的中坚力量。鉴于日军虎视眈眈，华北危如累卵，南京政府怕有闪失，行政院院长汪精卫特派秘书长褚民谊等人率领一干“党国大员”专程赴津坐镇，作为东道主的河北省主席于学忠亲自担任本次运动会会长，张伯苓担任副会长兼总裁判长，具体主持各项赛事。

10 月 10 日，运动会在新修建的天津河北省体育场（后曾改名北站体育场，今已不存在）隆重开幕。受邀的中方大员有绥远省主席傅作义、天津市市长王韬、青岛特别市市长兼华北运动会名誉会长沈鸿烈、全国体育协进会会长王正廷和总干事沈嗣良、察哈尔省民政厅厅长秦德纯、河北省教育厅厅长周炳琳、运动会总干事袁敦礼以及军政要人、天津士绅两百余人。外方人士有英、美、意、日、德等国驻天津领事和随员，来自察哈尔、陕西、山东、山西、辽宁、吉林、黑龙江、热河、绥远、河南、河北等省以及青岛、北平、哈尔滨等市的运动员齐聚一场。场上场下，彩旗飘飘，庄严而热烈。各位大员及来自清华大学的体育界元老郝更生、马约翰致词，继之由总裁判长张伯苓登台演讲。词毕，入场式开始。

南开体育教练董守义手持小旗前导，全体运动员于音乐声中缓缓入场，并挥手向观众致意。正在这时，只见台下一声哨响，素有“海怪”之称的南开体育名将严仁颖，指挥正对主席台的、由南开学校五百名男女学生组成的啦啦队队员，用黑白两面布幔做成

1934 年，张伯苓在第十八届华北运动会主席台上

的手旗，连缀出“欢迎十八届大会”“勿忘东北，勿忘国耻”等大字。主席台各路大员与前来观赛的三万多名观众，被南开爱国学生出其不意的举动所震惊。等缓过神来，大家报以热烈掌声。掌声未息，严仁颖又一声口哨，啦啦队队员又变换手势，用布幔打出“收复失地”等字样，场下爆发出震耳欲聋的欢呼声。紧接着，啦啦队队员齐声合唱《努力奋斗之歌》：“众青年，精神焕发，时时不忘山河碎。北方健儿齐努力，收复失地靠

自己……”[16]三万多名观众纷纷站起，群情激昂，精神振奋，举起拳头，高呼口号，跟着啦啦队队员一起歌唱。此刻正值东北运动员入场，会场一片悲壮气氛，许多人流下了热泪。

南开啦啦队的一连串表演，激怒了受邀出席运动会并坐在台上的日本驻天津最高长官梅津美治郎，他当即起身，瞪眼撅须向张伯苓提出抗议。张伯苓则平静地应对道："中国人在自己的国土上进行爱国活动，这是学生们的自由，外国人无权干涉。"[17]梅津见对方既不服软，更不道歉，便愤而退席。日本领事馆一干人员见梅津退席，也纷纷退席，并向国民政府官员提出"强烈抗议"。最后的结果是，国民政府饬令南开校方当局要对学生严加管束，禁止类似事件再次发生。

当天下午，张伯苓把严仁颖等几个学生领袖找来加以"训斥"，第一句话是"你们讨厌"！第二句是"你们讨厌得好"！第三句话是"下回还这么讨厌，要更巧妙地讨厌"！[18]言毕，哈哈一笑，转身离去。

1935年9月17日，南开新学年开学典礼，张伯苓对新生发表了《认识环境，努力干去》的演讲，其中谈到当前局势之危，以及日本帝国主义全面侵华的战略野心与阴谋，并谓侵华日军在天津的司令部就设在南开中学与南开大学中间的海光寺内，与学校近在咫尺，他们随时可能来捣乱、威胁，南开学生必须清醒地认识到这个危险，并树立抗日救国的信心。最后，张伯苓表情严肃、语调深沉地向学生们问道："你是中国人吗？""你爱中国吗？""你愿意中国好吗？"——此为著名的"张伯苓三问"。此三问激起了学生们的共鸣和爱国豪情，个个面有悲壮之色，异口同声地答道："是！""爱！""愿意！"

最后，张伯苓勉励同学们，要爱国就要"努力地干去"，而且要"苦干""死干"，要"咬定牙根，紧张而又紧张地向前努力"，要"公"，要"诚"，要"团结"。此一番讲话，淋漓尽致地体现了张伯苓"一贯的团结抗日、发奋自强、挽救祖国的思想"。这些话让学生们终生不忘，并按这一思想砥砺前行。

新学年开学之后，张伯苓安顿好一切，便到四川视察。时华北局势日趋紧张，日军磨刀霍霍，四处寻衅滋事，大有战争一触即发之势。一旦战事打响，平津失守，学校必然遭受毁坏，因而北方各大学、中学领导层，都有在西南之地建设新校舍，以备战事不利南迁之需。

张伯苓自四川考察回津，立即与校董筹划在西南兴建新校舍之事。1936 年春，张伯苓根据选中的几个目标，派中学部主任喻传鉴到四川考察，具体落实地点。一个月后，喻传鉴选中重庆城郊四十里地一个叫沙坪坝的风景优美处。经张伯苓与校董讨论，并经当地政府与教育机关同意，很快拍板定案。喻传鉴代表南开选购八百亩荒地，办好一切手续和校舍规划、工程设计等，即动工兴建。当年 8 月，一部分校舍竣工，定名为重庆南渝中学（后改为南开中学），继之招生两百多名学生，9 月正式开学上课。

如此神奇的速度，令人为之惊讶，人们无不佩服张伯苓“干！干！干”的拼命精神。一时间，出于敬佩慕名捐款者众，张伯苓来者不拒，一一感谢笑纳。随后，南渝中学以更加神奇的速度，如同变魔术般兴建起来。到卢沟桥事变爆发前，南渝中学已成为一座花园式学校。校园内修建有两座教学楼、一

重庆南开中学校景——鱼池夕阳

20 世纪 40 年代，张伯苓在重庆南开中学校长办公室门前

20 世纪 40 年代，重庆南开中学团体操及由灌木冬青组成的校训

座图书馆、三座男生宿舍、一座女生宿舍，另有饭厅、医院、浴室等。另外还配备教职员工住宅、宿舍，电灯、自来水等配套生活设施一应俱全。特别令人瞩目的是，校园内还借着地势开辟了一座雄伟壮观的运动场，两旁是石头垒叠的看台，坡下又凿起一处养鱼池。图书馆前种植了一片梅树林，冬日开花，甜香扑鼻，令人陶醉。

至此，南开学校由严馆成立之初的五名学生，经过近四十年苦心经营，发展到大、中、女、小、渝中五部及两个研究所，学生总人数超过3000名，成为教育水平在国内居于一流的大型综合学校，此为南开学校在民国时期达到的最高峰，也是张伯苓一生事业之巅峰。

参考文献

[1] 王文俊，梁吉生．张伯苓教育言论选集[M]. 天津：南开大学出版社，1984.

[2] 南大半月刊，1934-10-17.

[3] 同[2].

[4] 张锡祚. 先父张伯苓先生传略[M]. 天津: 南开大学出版社，2016.

[5] 同[1].

[6] 欧阳哲生．东北史纲（第一卷）. 傅斯年全集（第二卷）[M]. 长沙：湖南教育出版社，2003.

[7] 校风，1916-11-23.

[8] 同[4].

[9] 傅恩龄．八十四年前的东北地理教本[M]. 天津：南开大学出版社，2015.

[10] 蒋廷黻．蒋廷黻回忆录[M]. 长沙：岳麓书社，2003.

[11][12] 何炳棣．一个可以向全世界挑战的纪录[M]// 南开大学校长办公室．张伯苓纪念文集．天津：南开大学出版社，1986.

[13] 傅斯年．中国要和东北共存亡[N]. 重庆：大公报（星期论文），1946-2-25.

[14] 同[4].

[15] 大公报，1933-4-5.

[16] 益世报（天津版），1934-10-11.

[17] 中国体育文史资料编审委员会．体育史料（第十辑）[M]．北京：人民体育出版社，1984.

[18] 梁吉生．张伯苓的大学理念．北京：北京大学出版社，2006.

# 05

# 坚毅刚卓
# 弦歌不辍

## 伟大的南开精神

1937年7月7日深夜，北平郊外一声枪响，卢沟桥事变爆发，日本全面侵华战争开始。

7月27日，驻守平津地区的二十九军一部与日军战于廊坊，激战后不支，随即撤出，廊坊失守。与此同时，日本军队在华北驻屯军司令官香月清司指挥下，开始对北平守军展开大规模进攻。集结在京郊南苑一带约七千余名二十九军将士仓促上阵，与凶悍的日军展开血战。至28日拂晓，守军伤亡惨重，南苑失守，剩余官兵奉命向北平城撤退。在大血战、大混乱、大溃退中，二十九军副军长佟麟阁、一三二师师长赵登禹及其所属三千余名官兵阵亡。

7月28日夜，二十九军军长宋哲元，率秦德纯、冯治安以及北平城防司令张维藩等高官大员，仓皇南撤保定。

7月29日，北平沦陷。30日，天津陷落。

当驻守津门的二十九军所属三十八师张自忠部奉命南撤之时，天津尚未全面陷落，日军随之对天津市的政府机关及文教卫生场所进行攻击，其瞄准的第一个目标就是河北省政府大楼，第二个目标便是南开大学。

此前，南开大、中学皆已放暑假，中学部留校者很少，大学部同学多已离校回家，两部只有师生、工友一百多人。为应对事变，校方决定将因交通断绝或无家可归的东北籍学生集中在秀山堂居住，女同学及教员眷属迁往法租界暂避。留校师生组织起来护校，负责搜集消息和巡逻警卫。为防止日军进入校园烧杀抢掠，校方决定紧急整理图书仪器准备外运。

局势越来越紧张，南开校方自7月24

日起，租用天津茂达汽车行汽车两辆，动员留守师生将贵重物资运往租界暂存。但汽车经海光寺日本兵营附近路口时，日军戒备森严，设岗盘查。南开租用汽车到此，日兵拒不放行，汽车只得原路返回。留守的校方负责人经过观察研究，决定在日军戒备最为松懈的黎明前，向外运输图书、仪器等珍贵物资。初试奏效，南开师生精神大振，加快了运送速度。但车辆和时间毕竟有限，计划中的图书、仪器只运送了很少一部分。7 月 28 日深夜，日军就对南开学校展开了军事行动。

日军攻击南开大学的第一发炮弹，与校内高耸的木斋图书馆大圆顶擦肩而过。第二炮击中目标，巨大的冲击力将图书馆圆顶整个掀掉抛向空中，圆顶又大又重，在翻转抖动下落时，书库被压塌。紧接着，日军数炮齐轰，木斋图书馆瞬间成为一片废墟，只有几十根断残支架孤立于夜色之中。未来得及抢救的珍贵图书典籍，部分被埋，部分被炸得破碎如絮，纸屑残页随着炸弹掀起的热浪飞向天空。南开几代人苦心经营积攒的几十万册宝贵图书和珍

1937 年七七事变后，南开大学被日军炸毁

稀资料，就此灰飞烟灭。

日军之所以首先把炮口对准南开大学，是因为他们认为中国的各类学校，特别是位于北方的北大、清华、南开等高校，乃“排日抗日”中心。“自沈阳之变，我国家之威权逐渐南移，唯以文化力量，与日本争持于平津，此三校实为其中坚。”[1] 而三校之中，站在抗日最前沿的急先锋当数南开学校。狡猾阴鸷的日本人十分清楚，要彻底击垮一个民族，除以武力在政治、经济、军事诸方面予以摧毁，更重要的是精神、文化上的彻底征服，而南开学校既是抗日的大本营，又是中国精神文化的

一座堡垒和一个象征。因此，早已怀恨在心、虎视眈眈的日军，以极端的仇视心理，对南开进行了灭绝性毁坏。

据南开校史专家研究，校园内的木斋图书馆成为日军瞄准的第一个靶子并遭到连续炮击，与馆内设有东北研究会有关，该会一直被日本侵略者视为眼中钉、肉中刺，必欲铲除而后快。张锡祚在回忆父亲张伯苓时所言："先生亲自去东北考察，一直北到黑龙江。回来后，又组织南开师生东北视察团，去东北做深入实地调查，搜集资料，编成教材，作为中学的地理课本，教育学生认识祖国的资源所在，因此遭到日本军国主义者的深切嫉恨。而七二八天津事变，南开学校的惨遭日军炮火破坏，实是肇因于此。"[2]

木斋图书馆轰然坍塌崩溃，烈焰升腾中，驻海光寺日军炮兵再度向校园各处炮击，一时间弹如雨下，秀山堂、芝琴楼女生宿舍、单身教师宿舍区均被日军炮弹击中，顿时楼倒屋塌，一片混乱。时任南开大学秘书长的黄钰生后来回忆道："7 月 28 日夜间，留守在校舍的有杨石先和我，还有几位职工。29日凌晨1时，我们听见多处的枪声，拂晓，驻在海光寺的日军开炮了。第一炮打河北省政府，第二炮打南开大学。接着就是对南大各建筑连续的炮轰。又有日军飞机在校园上空盘旋，观察投弹命中的情况。上午9时，我们商请杨石先先走。11点，我在秀山堂办公室，一颗炮弹从屋顶直穿到地窖，幸未爆炸。留守无用，只好先撤退。我和郭屏藩（平凡）坐小船，沿小河向东划去，划船的是校工老郑，有好几发枪弹从头顶上飞过。”[3]

30日下午，日军驾机凌空轰炸南开大学校园内残留建筑，同时派兵乘车冲进校园，于硝烟弥漫中抢劫幸存的珍贵仪器和尚可利用的物资。一具悬挂在南开思源堂西侧筑基处、全身刻有《金刚经》全文、重达一万八千斤的铜质大钟，亦被日军劫掠。此具大钟系德国赠送清朝政府的国礼，由李鸿章安置在天津海光寺。后来寺庙逐渐荒芜，大钟几近毁弃，经张伯苓争取，移作校钟。后张伯苓多方寻找未果，至今下落不明，或许早已被送到兵工厂熔化，成吨的青铜变成了射向中国军民的枪炮子弹。

日军在疯狂轰炸南开大学校园的同时，也对相邻的南开中学、南开女中、南开小学施以野蛮轰炸。每次三四架飞机凌跃上空，一天十数次，轮番投弹。轰炸过后的 30 日傍晚，凶残的日军又派出大股骑兵与汽车数辆，满载煤油闯入南开女中、初中部及教职员宿舍放火焚烧，并投掷手榴弹。整个校园弹片横飞，黑烟滚滚，烈焰升腾，空气中散发着呛人的火药味。这所由严修、张伯苓等人创办，靠各界人士赞助，经过千辛万苦发展起来的中国最杰出的私立学校，在战火中化为一片废墟。“中外人士，对该校之无辜受摧残，均深表惋惜痛愤，盖该校不但为我国之一著名机关，且为四十年来无数智识分子血汗之产物也。”[4]

然而日军并未就此收手，南开校园硝烟尚未散尽，日本便衣特务便乘坐日本军车，悄然来到张伯苓家中捕人。幸因张伯苓已于 7 月 5 日离津赴庐山出席国防会议，家人亦于29日夜潜入法租界寻求庇护，才免于被难。

当日军对南开炮击和轰炸之时，中央社驻天津记者站记者赶到现场，发出多篇现场报道。其中一则如：“三十日下午三时许，日方派骑兵百余名，汽车数辆，满载煤油，到处放火，秀山堂、思源堂（上为二大厦，均系该校之课堂）、图书馆、教授宿舍及邻近民房，尽在火烟之中。烟头十余处，红黑相接，黑白相间，烟云蔽天，翘首观火者，皆嗟叹不已。”[5]又如“日机四架，继续向南开中学投燃烧弹，观火焰甚炽，同时日炮队亦自海光寺向南开大学射击，共发四弹，落该院图书馆后，刻已起火。”[6]

南开被炸的消息通过中央社电讯传遍世界，已由庐山转往南京的张伯苓闻此凶讯，老泪纵横，悲怆不能自已。7月30日下午，张伯苓强忍剧痛，以悲壮的语调和不屈的精神，对《中央日报》记者发表谈话：“敌人此次轰炸南开，被毁者为南开之物质，而南开之精神，将因此挫折而愈奋励。故本人对于此次南开物质上所遭受之损失，绝不挂怀，更当本创校一贯精神，而重为南开树立一新生命。本人唯有凭此种精神，绝不稍馁，深信于短期内，不难建立一新的规模。”[7]

7月31日，《中央日报》发表社评，特别提及“伟大的南开精神”，谓：

六十二岁的老人，三十四年中苦心经营的学府，一朝毁灭，而所表现的态度，乃“重为南开树立一新生命”。这就是南开精神，伟大的南开精神。

伟大的南开精神，伟大的张伯苓先生——正是全国人民今日奋斗中最好的榜样。中国国内一切建设，都可遭遇南开同样的命运，但是对方只能毁灭我们的物质，不能毁灭我们的精神，凭着这种精神，我们终能得着最后的胜利，树立我们国家的新生命。

## 三千里地山河

大战已经开始，在民族生死存亡之秋，保护和抢救平津地区教育、文化界知识分子与民族精英迫在眉睫。时任中央研究院院长蔡元培，北京大学校长蒋梦麟、文学院院长胡适，清华大学校长梅贻琦，南开大学校长张伯苓，北平研究院院长李煜瀛、副院长李书华，同济大学校长翁之龙，中央大学校长罗家伦，中央研究院史语所所长傅斯年等102人联合发表声明，揭露日军破坏中国教育机关的罪行，提出“教育为民族复兴之本”的口号，要求政府采取果断措施，将置于敌人炮火中的学校迁往西南一带腹地继续办学。

8月下旬，国民政府决定由已被敌人占领毁坏的国立北京大学、国立清华大学、私立南开大学组成长沙临时大学；以国立北平大学、国立北平师范大学、国立天津北洋工学院（原北洋大学）等院校为基干，设立西北（西安）临时大学，尽快组织师生撤出沦陷的平津，在新的“自由中国的心脏”开学上课。

8月28日，国民政府教育部部长王世杰对长沙临时大学负责人的任命秘密发出：

指定张委员长伯苓、梅委员长贻琦、蒋委员

长梦麟为长沙临时大学筹备委员会常务委员。杨委员振声为长沙临时大学筹备委员会秘书主任。[8]

9月10日，国民政府教育部发出第16696号令，正式宣布在长沙和西安两地设立临时大学。

9月13日，长沙临时大学筹备委员会召开第一次会议，会议决定租赁地处长沙市韭菜园一号、原美国教会所办圣经书院作为临时校舍，明确院系设置、组织结构、经费分配等事宜。此时，长沙圣经书院已经停办，校内教室、宿舍、家具及办公用具较为齐备，还有一个大礼堂地下室，正好作为临时大学师生的防空庇护场所，以避日机轰炸。临时大学职务分配：秘书杨振声，总务蒋梦麟，教务梅贻琦，设备张伯苓。[9]

9月18日，张伯苓与蒋梦麟结伴抵达长沙，梅贻琦主持召开临时大学第二次常委会议。推定梅贻琦、樊逵羽（际昌）、黄子坚（钰生）、潘光旦、冯友兰等为课程委员会委员，梅贻琦为召集人；学生报到、注册，

10月24日止。开学日期延至10月25日，11月1日正式上课。上课后一星期不到者，本校不再保留名额。[10]

9月28日，各项事宜筹备就绪，奉教育部16895号训令，启用“长沙临时大学筹备委员会”木质关防。

在此前后，西北临时大学也在西安择好了校址，并基本筹备就绪。东南地区的同济大学、复旦大学、中央大学、金陵大学，以及华北、华中、华南的山东大学、武汉大学、浙江大学等数所院校，已准备或正在迁往西南地区继续学业，抗战爆发后中国教育界院校大迁徙的悲壮序幕，在隆隆的炮声中全面拉开。

按临时大学校方规定，凡流亡长沙的师生，各自搭伙结伴出行。时平汉路已被日军截断，北平的师生只能绕道天津，与南开、北洋大学师生及其他院校的流亡知识分子，由天津码头乘船至青岛，再由青岛借助铁路转济南、郑州、武汉等地，最后到达长沙或西安。

1937 年 11 月 1 日，由北大、清华、南开等三校组建的长沙临时大学正式上课。据校方报告称，由沦陷区迁来的学生共 1452 人，清华 631 人，北大 342 人，南开 147 人。另外有北大、清华在南渡途中于武昌联合招收的新生，以及南开附中升班新生共 114 人、借读生 218 人。三校赶到长沙临时大学的教员共 148 人，其中清华 73 人，北大 55 人，南开 20 人。教员与学生人数，三校的比例约为 7：5：2。当然，因交通阻梗，尚有各种原因拟赴长沙及在途中未到者，临大当局限于 11 月底到达，若全部到齐，全校学生可维持在 1500 人左右。[11]

以上只是师生人数，若加上从各地赶来的职员、工人，全校总人数达 1700 人左右，加上教职员工家属，人数更为庞大。原来所赁房舍不克分配，临大当局又租赁长沙涵德女校及附近一处清朝时期留下的清军四十九标营房，分别作为女生和男生宿舍。另将文学院各系师生迁往南岳衡山圣经学院分院上课。如此这般，整个学校教职员工兼家属才算安顿下来。按当时规划，长沙临时大学共设文、法、理、工四学院十七学系。开课之后，面对穿越敌人数道封锁线、经过数月颠沛流离之苦云集而来的师生，临大常委张伯苓、蒋梦麟、梅贻琦认为：“烽火连天，弦歌未辍，虽校舍局促，设备缺乏，然仓卒得此，亦属幸事 。”[12]

10 月 29 日，南京国防最高会议正式决定国民政府迁都重庆，并对外公告，声明中国政府和军民将长期抗战，决不屈服于倭寇。

11 月 12 日，上海失陷，日军进而围攻国民政府首都南京，中华民族到了最危急的紧要时刻。

12 月 13 日，南京沦陷。国人悲怆哀绝，伏地泣血，世界为之震动。日本却举国狂欢，提灯游行，甚至有人涕泗横流。

紧接着，杭州、济南等重量级省会城市于 12 月下旬相继陷落，骄狂的日军开始集结精锐部队，沿长江一线大规模向西南方向推进，地处两条干线交汇处的军事重地武汉三镇，成为中日双方生死一搏的主战场。

大战在即，长沙离武汉只有三百公里，一旦武汉失守，敌人必溯水而上，长沙势难独撑。面对危局，无论是刚组建不久的临时大学，还是其他教育、科学、文化机构，又一次面临迁徙的历史抉择。

1938 年 1 月中旬，根据国民政府指令，长沙临时大学迁往昆明，另行组建国立西南联合大学。1 月 20 日，以张伯苓为首的长沙临时大学第 43 次常委会做出即日放寒假，下学期在昆明上课的决议。规定全体师生于 3 月 15 日前于昆明报到，同时通过一系列迁校具体办法。临大师生于 2 月初结束第一学期学业，即打点行装，以悲壮的豪气英姿，毅然迈出了西迁的步伐。

根据校方安排，迁往昆明的长沙临时大学师生分成三路赶赴昆明。

第一批走水路，由清华的樊际昌、梅关德和钟书箴教授率领，成员包括教师及眷属，体弱不适于步行的男生和全体女生，共计六百多人，分批经粤汉铁路至广州，取道香港，坐海船到安南（越南）海防，由滇越铁路到蒙自、昆明。

第二批由清华、北大的陈岱孙、朱自清、冯友兰、郑昕、钱穆等十余名教授携家属乘汽车，经桂林、柳州、南宁，取道镇南关（今友谊关）进入河内，转乘滇越铁路火车抵达蒙自、昆明。

第三批为湘黔滇一路，由 290 名学生和 11 名教师组成。随队的 11 名教师组成辅导团，由南开秘书长黄钰生教授领导，成员包括中文系教授闻一多、教员许维遹、助教李嘉言；生物系教授李继侗，助教吴征镒、毛应斗、郭海峰；化学系教授曾昭抡；地质系教授袁复礼、助教王钟山等人。

4 月 28 日上午，这一路师生带着满身风尘和疲惫，抵达昆明东郊贤园。随着其他两路师生的陆续到来，数千名师生在昆明正式组建起足以标榜青史、永垂后世的西南联合大学。

根据国民政府指令，张伯苓、蒋梦麟、梅贻琦等三人被任命为国立西南联合大学常委，共同主持校务。西南联大成立专门委员

西南联大校门

会决议通过，以“刚毅坚卓”四字作为联大校训。同时选定由联大文学院院长冯友兰用《满江红》词牌填写的歌词（一说为罗庸作词）、教师张清常谱曲的词曲作为校歌，歌词为：

万里长征，辞却了，五朝宫阙。暂驻足，衡山湘水，又成离别。绝徼移栽桢干质，九州遍洒黎元血。尽笳吹，弦诵在山城，情弥切。

千秋耻，终当雪。中兴业，须人杰。便一成三户，壮怀难折。多难殷忧新国运，动心忍性希前哲。待驱除仇寇，复神京，还燕碣。[13]

1938年5月4日，国立西南联合大学正式开课。6月8日，教育部新任部长陈立夫下达第02093号训令，国民政府颁发“国立西南联合大学”铜质关防一枚。7月1日，关防正式启用。自此，国立西南联合大学，这个在中国教育史上闪亮的名字，于抗战烽火中进入中国乃至全世界的视野。

## 校长的孩子们

国立西南联合大学组建后，把长沙时代的二十几个系归入文、理、法商、工四学院；后来又加了一个师范学院，成为五院。五院之外，三校各自设有研究所，人员与物资不属于联大，如北大的文科研究所、清华的特种研究所、南开的边疆研究所等，都是各自为政，经费独立，自谋发展。

1939年秋，张伯苓（前排中）与西南联合大学部分师生合影

当此之时，西南联大只有北大、清华原定经费的四成，加上南开应领教育部补助之四成拨充，合计每月不足八万元，各方均捉襟见肘，要想搞点像样的建筑更是力不从心。时联大租赁的拓东路迤西会馆、江西会馆、全蜀会馆和盐行仓库等校舍简陋至极，修缮后也只能算勉强应付。尤其是女生宿舍，更是有些狼狈。当时就读联大外语系的女生陆

慈曾回忆道："我们女生住一个大庙里，我的那间宿舍就住四五个人，屋里有佛像，就拿草席挡着。那个房子终年漏雨，我们就把铺盖卷起来，拿脸盆、漱口杯接。所以一到下雨，假如没课，我们就往宿舍跑，要不然铺盖都湿了。那个时候真是很艰苦的。"[14]另据联大女生王远定说，当时几个女生住的宿舍，"为地方上一大姓祠堂，范围不小，楼上下有许多大大小小的房间，进门是大的院子，就在此上体育课。二门不远是正厅，也是饭厅，我住在那里面的寝室内。有一天，楼上搬来一瘦小的同学，第二天就要迁出，我们都很诧异地问她，她说半夜房门被冷风吹开，只看见门外有双大靴子，所以不敢住下去了，听了后几夜未合眼"[15]。

如此窘迫恐怖之情形，对师生的生活及身心健康极为不利，必须设法改善。1938年7月，联大选定并购置昆明西北城外三分寺一百二十余亩土地作为校舍建筑之用。1939年4月，按照梁思成的设计，联大新校舍在三分寺一片荒丘坟地里建了起来，其景观是:

所有校舍均为平房，除图书馆和东西两食堂是瓦屋，只有教室的屋顶用白铁皮覆盖，学生宿舍、各类办公室全部茅草盖顶。——此景令具体负责设计、清华大学出身的建筑师梁思成既同情又感动，几度流下眼泪。

在所建茅屋宿舍中，房屋两端安有双扇木门；双侧土墙上各有几个方口，嵌上几根木棍就是窗子。每间宿舍放20张双层木床，学生们用床单或挂上帐子把大统仓隔成一个个小方格，每个方格里有一对双层铺——四人一个方格，有一个窗洞、一盏灯，还有一张门帘。如果认为宿舍简陋不乐意住，随时可以卷铺盖走人。据中文系学生、时在25号宿舍上铺居住的汪曾祺回忆，新校舍共住学生约1200人，由于人数众多，校舍难以管理。为躲避人多杂乱，汪氏于夜间到系图书室看书（汪与另一位同学掌握系图书室钥匙，随时可进出），有时一直看到鸡叫或天大亮才回舍睡觉。由于校舍是在一片烂坟圹子之上建成，不免有些恐怖。汪曾祺说：“有一天夜里，我听到墙外一派鼓乐声，虽然悠远，但很清晰。半夜里怎么会有鼓乐声？只能这样解释：这是鬼奏乐。我确实听到的，不是错觉……”[16]

此时国难当头，前方将士在流血，难以计数的人民在流亡中；作为学生，能有一处藏身安歇的茅舍已属不易且很满足，自然顾不得是鬼是魔还是妖，或搞什么半夜奏乐了。因而，有学生开玩笑道：“蒋校长大概认为住宿条件不错，可以把他的孩子送到这宿舍里住了。”[17]

此话暗含了一个不太为人所知的典故。在长沙临时大学时，学生们住在清朝时期留下的破营房内。某日上午，张伯苓、蒋梦麟、梅贻琦三常委，由秘书主任杨振声陪同巡视宿舍。蒋看到宿舍破败不堪，一派风雨飘摇的样子，大为不满，认为此处会影响学生的身心健康，不宜居住。三常委之首、在长沙临大负责设备采购的张伯苓则认为国难当头，政府在极度困难中仍能顾及青年学生的学业，已属难能可贵，而且学生正应该接受锻炼，有这样的宿舍安身就很不错了，于是二人争执起来。

梅贻琦作为张伯苓的学生，生性寡言，此时不便表示态度。争执中，蒋梦麟突然有点儿赌气地说："倘若是我的孩子，我就不要他住在这个宿舍里！"张伯苓听罢，脸一沉，不甘示弱地反击道："倘若是我的孩子，我一定要他住在这里！"见二人皆面露愠色，梅贻琦不得不出面打圆场，说："如果有条件住大楼自然要住，不必放弃大楼去住破房；如果没有条件那就该适应环境，因为大学并不是有大楼，而是有大师的学校。"[18] 梅氏一语双关的劝说，使一场争执得以平息。

想不到学生们的一句戏言，竟真的成为事实。昆明三分寺荒地联大新校舍建成不久，蒋梦麟的儿子真的由内地越过数道敌人布设的铁丝网和岗哨，九死一生，辗转来到联大求学并在茅屋居住下来。而张伯苓适龄该来的孩子没能到来，其第四子此刻正碧血云天，永远不能来了。

张伯苓夫人共生过七子一女，早年夭折了三子一女，只剩下四个儿子，分别是锡禄、锡羊、锡祚、锡祜。1935年，张伯苓与夫人举行结婚四十周年纪念时，张伯苓曾拉着夫人对参会的记者介绍：“我的四个儿子，在她的管教之下，如今都成了人，大的是又做了教书的先生，二的本来经商，现在是从政了，四的在中央航校现在也毕业了，总算有了相当的成就。三的现在是正在养病时间，他生的是肺病，多少名医都不治了，而且几乎认定了命运已无可挽回，而他的母亲却自信母爱一定可以使他起死回生。果然，她那伟大的母爱，就使他日渐壮健起来。这四十年中，她为了四个儿子，真不知费了多少心血！”[19]

张伯苓的四个儿子，皆身材高大，相貌英武，走在路上总是吸引行人的目光。尤其是1911年出生的四子锡祜，身长两米余，英俊洒脱，冠绝一时。在南开读书时，是一位颇出风头和引人注目的排球队员，球场上发球、扣球异常凌厉凶猛，且与队员配合默契，经常令对手无隙可乘，从而为南开排球队赢得过不少荣誉，被同学们戏称为“陆地

1929 年张伯苓夫妇与儿子们。张锡禄（左一），张锡羊（右一），张锡祚（左二），张锡祜（右二）

上少有的两足怪物”，简称“陆怪”。当时南开还有一“海怪”，乃张锡祜的同学兼好友，即 1934 年 10 月第十八届华北运动会在天津召开时的南开啦啦队队长严仁颖。该生短粗身材，声音特别嘹亮，被同学们视为“海洋深水怪物”，简称“海怪”。

少年锡祜曾告诉父亲张伯苓，自己的理想是当个职业排球运动员，张伯苓表示认可。九一八事变之后，张锡祜参加了南开师生前线慰问团，至北戴河一线慰问抗敌官兵。其间，与同学们一起吃过部队的汤面，被邀请到前沿防御工事参观，与官兵进行座谈交流……眼前的一切使张锡祜心潮澎湃。回到南开后，张锡祜郑重地对父亲说：“我要报名参军，报效国家。”张伯苓一如既往，他尊重儿子参军报国的选择。

1932 年夏，杭州笕桥中央航空学校前来南开大学、中学招生，张伯苓给予全力支持、帮助。张锡祜得此消息，第一个报名。继之，几十名满腔报国热血的南开学生纷纷报名参加。后经体格检测、文化考试等一连串程序，合格者达十几人。这一批学生与张锡祜一同告别南开校园，进入中央航校受训。临行前，张伯苓专门把这批投笔从戎的学生召集起来训话，并以“岳母刺字”的故事相勉。

张锡祜进入中央航校后，被编入第三期受训班。一年之后，他便与几位同学成功驾驶飞机翱翔蓝天。至 1934 年，南开学生已有三十多人进入中央航校受训。这年的 10 月 17 日，南开召开建校三十周年纪念会，中央航校南开同学专门致函张伯苓校长，抒发自己的心志：“生等勉能不背母校之旨趣，未忘母校师长之诲导，际九一八事变后国难深重之会，毅然入中央航空学校肄业，效昔年定远之志，法当日宗悫之风，期为国家效死疆场，无愧男儿责职。……母校三十周年纪念举行于危如累卵之华北天津，遥庆祝辞之余，心固无限悲痛也。”[20]

1935 年 1 月 3 日，中央航校张锡祜所在的第三期学生毕业，张伯苓受邀赴杭州出席毕业典礼，并以南开校长和航校家长资格致训词，他讲道：“杭州有一名人之墓，那便是岳武穆将军。岳氏年少的时候，他的母亲，曾以‘精忠报国’四字，刺之背上。我们做家长的，也应当以此四字，刺诸诸生之心。如将来为国御侮，万一失败，简直就不必再回到家去！……”[21] 张锡祜毕业后，被分配到空军第八大队第三十中队服役，驻防江西吉安。

1937 年 1 月 10 日，26 岁的张锡祜在南京与相爱的姑娘张乐民举行了订婚仪式。7 个月后，八一三淞沪抗战爆发。8 月 15 日，张锡祜与同学兼战友马兴武二人奉命驾驶 300 号轰炸机，由江西吉安飞赴南京对日作战。因江西方面天气恶劣，气象测报不良，张、马二人又急于参战炸敌，冒险飞行，途经临川上空，飞机在大雾中撞山失事，张、马二人殉难。

当此之时，张伯苓夫人率领三子锡祚和长孙元竞已逃出天津，辗转到南京与张伯苓见面。此时南京遭遇敌机连续轰炸，张伯苓决定入川，便把家安在重庆沙坪坝南开中学宿舍内。据张锡祚说，在南京的蒋介石通过下面情报，最早知道了锡祜殉职的事，听说张伯苓已到重庆，就把锡祜殉国的消息电告给他。“那时正是九月初的天气，重庆气候炎热，先生正坐在门前乘凉。接到电报，看过之后，递给我道：‘你看看，老四殉国了。’他的声音镇定而又坚决，又沉默了一会儿道：‘你看和你娘说吗？我看不必了，免得她伤心。’”张锡祚还说道：“那时我的心情是悲痛而又迷惑，仿佛是在梦中，睁着眼看着父亲的脸，只见他的脸上红涨，涨得发紫，两眼湿润，但是竭力压抑着，不让一滴泪水流出来。接着他又慢慢地说道：‘我早就把他许给国家了，今日的事，早在意中，可惜他未能给国家立大功，这是遗憾！’”[22]

四子殉国之痛，张伯苓一直默默埋在心底，未曾在人前背后提起。直到抗战结束，他的夫人才被告知真相，时锡祜殉国已八年余，墓有宿草了。

## 联大之大

1941年下半年，西南联大已有文、法商、理、工、师范等五院二十六学系，学生人数超过三千人，加上先修班与研究院、各研究所的师生，人数更加庞大，一跃成为中国境内规模最大的高等学府，这也是西南联大最为鼎盛的时期。

然而，国民政府教育部任命的校务主持三常委，此时只有梅贻琦常川驻校。年龄最大、资历最老、德高望重的张伯苓，在重庆有一个南开中学需要他亲自管理，而彼时重庆南开已成为陪都最好的中学，也是全国为数不多的一流学校，招生人数暴增，管理与教学任务相当繁重。且南开大学由何廉教授主持的经济研究所没有随迁昆明，而是迁到了重庆南开中学。据当时的报道，南开大学除文、理、法商学院外，另有经济、化学研究所，此二所“均闻名全国。尤以经济研究所所发行之各种刊物，及物价指数等，在国内外经济学界，深有声誉”[23]。

除此之外，张伯苓还兼任国民政府与社会多项职务。1938年，南京国民政府迁汉口，成立国民参政会，汪精卫当选议长，张伯苓当选副议长。未久，汪精卫逃跑投敌，议长由蒋介石兼任，实际工作由张伯苓主持。时国难当头，张伯苓主张国共两党应同舟共济，消弭内争，合则力强，分则力散，号召国人团结抗敌。于是乎，仅这个国民参政会，就耗去了张伯苓相当一部分精力和时间。对于远在昆明的西南联大繁琐事务，就更是无法具体操持了。另有一个角度，张伯苓与梅贻琦的关系既是师生又情同父子，按照中国北方“父子不同席”的风俗，不便在一个屋檐下共事——尤其是人事、财权等管理方面的事务更是忌讳。西南联大在昆明组建后，张伯苓知道联大体制是一个“混合物”——既联合又各自独立，而不是“化合物”，如果三位常委不分彼此，平均用力去负责学校管理事宜，极易导致名义上三人共同管理，但谁也不肯出面承担责任，造成没人管理的乱局。鉴于此情，张伯苓遂将联大管理权全部交付蒋、梅二人，自己则常川重庆南开中学，兼领多职并遥领联大事务，凡涉及南开与联大关系之事，多由南开大学秘书长黄钰生代为办理。若联大有重大事宜或决策需要三常委会商，梅、蒋则借赴重庆出席会议或向教育部汇报工作之机，先往南开中学与张伯苓面商，意见达成一致后，再由梅贻琦回昆明予以实施。

鉴于上述这些或明或暗的原因，不了解内情的外界人士开始产生误解，并有蒋、张二校长失和，已不能合作的传闻散布。多数联大学生对这位鼎鼎大名的张常委并不甚熟悉，甚至在师生间亦有西南联大三校即将分家单干的流言传出。

或许是张伯苓听到外面的流言蜚语，或

许是感到有必要将自己在西南联大的角色和定位向广大师生说个清楚、表个明白，以消除误会甚至隔阂。于是，张伯苓特地择一时间来到昆明，召集联大师生发表讲话。据当时的学生彭令占回忆，学校有时举行朝会，清晨大家听到铃声都要去参加。有一天，他去参加朝会，主席是梅校委，他的旁边站着一位又高又壮的大汉，穿了一件大褂，还戴着一副墨晶眼镜，有同学悄声说，那就是南开的张伯苓校长。梅校长讲完，便介绍张校长跟大家见面，张校长一口浓重的北方话，说自己“是搞体育的，在运动场上，以裁判最有权威，裁判凭以计算时间的，是他袋中的表。我是南开的校长，我已经将袋中的表交给梅校委，他就是我的代表，大家要听他的话，有人说联大的负责人不能合作，这是绝对没有的事”。另据联大学生张启新回忆，张伯苓又说：“左边站的梅先生是我的学生，右边站的蒋先生是我的朋友，我身为常务委员不常在昆明，有我的学生和朋友在昆明，我安心了。”[24]他还说：“有人以为我们联合大学是联而不合，岂有此理？你们看，他（手指旁边的梅校长）是南开中学第一班毕业生，他的成绩最好（暗示他同梅校长的关系），在这样的情形下，我们怎么可能联而不合呢？”[25]

张伯苓乃一耿直君子，此次借联大朝会，以幽默的语言公开表态，在驱散流言的同时，也对梅贻琦寄予了高度信任和厚望。需要说明的是，张伯苓此次抬梅，并非对蒋不信任或故意压制。实际情形是，蒋梦麟此时也已常川重庆，代表学校向中央政府接洽一切，同时兼领中国红十字会会长等职，西南联大的校务，实际只有常驻昆明的常委会主席梅贻琦一人主持。

正是有了张、蒋二位常委对梅贻琦的信任和支持，才有了西南联大于抗战烽火中有始有终的密切合作，从而创造了学术的辉煌和人才的繁盛。究其原因，正如联大校友傅任敢所言：“抗战起后，国内成立过好几所联合大学，可是除了西南联大一直联到胜利以后方才各自复校以外，其余全都中道夭折了。我们可以设想一下，倘若西南联大也如其他联大，因为意见不合，联不到底，那是中国教育界以至全中国国民多么重大的一件耻辱。外国人看不起中国人，说中国人是一盘散沙，是一个无组织的国家。倘若在那国难临头的时候，连智识最高的高等教育界都仍没有例外地联不拢来，一盘散沙之说岂不全盘证实，百口莫辩了吗？而其所予全体国民与下代青年的暗示又将是何等的恶劣与深远？”[26]

傅氏所说的国内成立过“好几个联合大学”，是指当时除了西南联大，还有西北联大和东南联大。东南联大的组建较前二者为晚，根据国民政府指令，由时在上海的暨南大学为首，收拢上海、江浙一带几家专科学校师生，在福建建阳筹备国立联合大学。惜因诸方实力不一，相互掣肘，矛盾重重。1943 年 6 月 2 日，教育部指令东南联大文、理、商三学院并入暨南大学，法学院与艺术专修科并入英士大学。7 月底，所有移交工作全部结束，东南联大就此流产。

与西南联大几乎同时成立的西安临时大学，于1937年9月10日在西安开课，同年11月9日太原沦陷，日军沿同蒲路南下，迅速占领临汾、侯马，直逼潼关，西安告急并遭到敌机轰炸，临大教务长杨其昌与几位学生被炸死，师生处于极度危险境遇中。为避战乱与敌机轰炸，1938年3月，西安临时大学迁往陕南汉中城固及周边地区，4月改名为国立西北联合大学，全校设6院23个学系，领导体制与国立西南联合大学一样，同为校务委员会制，由北平大学校长徐诵明、北平师范大学校长李蒸、北洋大学校长李书田等组成校务委员会，上述三人为常委，管理校政。学制一般为四年，医学院为五年。然而，西北联大开课不久，因校方高层几位常委以及教授之间意见不合，加之党派林立，搞得鸡飞狗跳，克无宁日，学生无法进行正常课业。1938年7月，经教育部批准，工学院单独设立，称西北工学院；农学院也单独设立，称西北农学院，后改称师范学院。1939年7月，国民政府教育部部长陈立夫发出指令，撤销国立西北联合大学，新成立西北大学、西北师范学院、西北工学院、西北医学院、西北农学院五个独立国立院校。8月，西北联大正式撤销，存在时间仅为一年四个月。自此，中国抗战史和教育史上昙花一现的国立西北联合大学，就此湮没无闻。

对于西南、西北两个国立联合大学的差异与区别，在昆明的西南联大文学院院长冯友兰打过一个比喻："好比一个戏班，有一个班底子。联合大学的班底子是清华、北大、南开派出些名角共同演出。但是步骤都很协调，演出也很成功。当时还有一个西北联合大学，也是从北京迁去的几个学校联合起来而成的，设在陕西城固。但是他们内部经常有矛盾，闹别扭。蒋梦麟说，他们好比三个人穿两条裤子，互相牵扯，谁也走不动。"[27]事实上，西北联大就是在这样的历史景况和相互拉扯中，把裤子撕碎，直至露出底裤有碍观瞻而被迫解散了。

反观西南联大，尽管名义上是三校联合的大学，但正如南开教授、时任西南联大法商学院院长的陈序经在西南联大六周年纪念会上谈到“联大精神”时所说：“事实上是等于一个大学，然而联大之所以能够这样，不外是因为这三个大学的当局、同事，以至同学，有了真正的合作精神。”又说：“如从长沙迁来昆明，如前数年的轰炸，如去年缅甸失陷之后，坊间每每传说联大的三校就要分家，然而事实恰恰相反。因为困难越多，环境愈劣的时候，我们的合作精神，愈能表现出来。”[28] 陈氏谈到的合作精神，正是张伯苓在南开数次强调的“允公允能”之“大公”。

冯友兰尝言，如果用一个比喻来形容，即：“当时的联大，好像是一个旧社会中的大家庭，上边有老爷爷、老奶奶作为家长，下边又分成几个房头。每个房头都有自己的‘私房’。他们的一般生活靠大家庭，但各房又各有自己的经营的事业。‘官中’‘私房’，并行不悖，互不干涉，各不相妨，真是像《中庸》所说的‘小德川流，大德敦化，此天地之所以为大也’。”[29]

西南联大的制度与形式，确有《中庸》

所谓“大格局”与“大天地”之势头。但制度和形式是人定的，也是由人来执行的，这个“大”的后面，必有一个相匹配的“大人物”来操持一切、把控全局，才可能称其为“大”，否则很可能变为“小”，或“乱”，或“大乱”。这个“大人物”，当然是师生公认、参与校务管理的蒋梦麟，主持校务的常委会主席梅贻琦，以及梅身后更“大”的人物张伯苓。

胡适曾对包括张伯苓在内的“大人物”作过如下评价：“照我这十几年来的观察，凡受这个新世界的新文化的震撼最大的人物，他们的人格都可以上比一切时代的圣贤，不但没有愧色，往往超越前人。老辈中，如高梦旦先生，如张元济先生，如蔡元培先生，如吴稚晖先生，如张伯苓先生；朋辈中，如周诒春先生，如李四光先生，如翁文灏先生，如姜蒋佐先生。他们的人格的崇高可敬，在中国古人中真寻不出相当的伦比。这种人格只有在这个新时代才能产生，同时又都是能够给这个时代增加光辉的。”[30]

——斯言是也！

参考文献

[1] 冯友兰 . 国立西南联大纪念碑碑文 [M]// 清华大学校史研究室 . 清华大学史料选编（三下）. 北京：清华大学出版社，1994.

[2] 张锡祚 . 先父张伯苓先生传略 [M]. 天津：南开大学出版社，2016.

[3] 黄钰生 . 黄钰生文集 [M]. 天津：百花文艺出版社，2009.

[4][5][6] 时报，1937-7-31.

[7] 中央日报，1937-7-31.

[8][9] 国民政府教育部关于任命长沙临时大学负责人的密谕 [M]// 顾良飞 . 清华大学档案精品集 . 北京：清华大学出版社，2011.

[10] 临时大学第二次常委会议记录 . 北京：北京大学档案室藏 .

[11] 长沙临时大学筹备委员会工作报告书 .1937-11-17. 北京：清华大学档案馆藏 .

[12] 梅贻琦 . 抗战期中之清华 [J]. 清华校友通讯（第五卷，三期），1939-5-1.

[13] 西南联合大学北京校友会编 . 国立西南联合大学校史 [M]. 北京：北京大学出版社，2006.

[14] 陆慈 . 在语词的密林里——陆慈口述 [M]// 郑小惠，童庆钧，高瑄 . 清华记忆：清华大学老校友口述历史 . 北京：清华大学出版社，2011.

[15] 王远定．联大琐忆 [J]. 清华校友通讯（新一一八期），新竹．

[16] 汪曾祺．新校舍 [J]. 芒种，1992，10.

[17][18] 许渊冲．联大人九歌 [M]. 昆明：云南人民出版社，2008.

[19] 吴秋尘．本部顾问张伯苓先生及夫人举行结婚四十周年纪念 [N]. 益世报（天津版），1935-2-24.

[20] 南开高中学生（三十周年纪念特刊载），1934-10-7.

[21] 益世报（天津版），1935-2-14.

[22] 同 [2].

[23] 同 [4].

[24] 余瑞麟．多难殷忧新国运 [J]. 清华校友通讯（新七十五期）. 新竹．

[25] 张启新．联大三常委 [J]. 清华校友通讯(新八十五期). 新竹．

[26] 傅任敢．值得我们学习 [J]. 重庆清华（第二十二期），1949-1-1.

[27] 冯友兰．冯友兰自述 [M]. 北京：中国人民大学出版社，2004.

[28] 陈序经．联大六周年纪念感言 [N]. 大公报，1943-11-1.

[29] 同 [27].

[30] 季羡林．胡适全集(第 4 卷)[M]. 合肥：安徽教育出版社，2003.

# 06

# 北归梦短 依依离别

## 复员回津

1941 年 12 月 7 日，日本联合舰队偷袭珍珠港，美国太平洋舰队几乎全军覆没。次日，罗斯福总统宣布美国和日本之间处于战争状态。同一天，中国政府对德、意、日三国宣战。随后，英国、加拿大、澳大利亚、荷兰、新西兰、法国、波兰等二十多个国家和组织，相继对德、意、日宣战。第二次世界大战全面爆发，世界反法西斯联盟业已形成，危机四伏的中国战局随之发生了根本性转变。

面对抗日战争露出的胜利曙光，时在重庆的张伯苓借春节面见蒋介石之机，直言谈到南开于胜利后复校的问题，蒋应允。不过随着战事拖延，此一计划未能在短期内实现。

1944 年 6 月底，战事出现转折，日军的进攻已成强弩之末，张伯苓再次电召南开驻昆明联大的重要人员赴重庆召开复校会议。张伯苓分别从校址、系统、组织、经费及训练方针等五个方面，提出了关于南开复校的构想。概而言之：南开保持私立性质；天津设南开本部，各地设南开分校，继续维持重庆南开中学；经费问题，战时愿受政府补助，战后则自筹自给；依据“公能”校训，训练青年，使人人有远大世界眼光和广博的世界知识。稍后，张伯苓把会议讨论的三点意见，即经费拨付问题、设备订购问题、敌产处理问题，上报国民政府并向蒋介石呈报。[1]

1945 年 8 月 6 日，美国在日本广岛投下第一颗原子弹。

8 月 8 日，苏联根据雅尔塔密约决定对日宣战。次日，苏联红军迅速进入中国东北地区，继而向朝鲜北部和库页岛进军，一举歼灭近百万日本关东军。

8 月 9 日，美国在日本长崎投下第二颗原子弹，整座城市化为一片废墟。

8月10日傍晚7时左右，日本政府决定接受中、美、英《波茨坦公告》，通过瑞典驻美公使向中、美、英三国发出乞降照会。

8月15日中午，日本裕仁天皇对全世界广播《停战诏书》，正式宣布330万垂死挣扎的日军放下武器无条件投降。

9月2日，在泊于东京湾的美国“密苏里号”战舰上，盟军正式举行了日本投降签字仪式。美联社在这一天向全球播发的电文称：“第二次世界大战，历史上最惨烈的死亡与毁灭的汇集，今天随着日本的正式无条件投降而告终。”[2]

抗战胜利，张伯苓喜悦之情自不待言，立即电召驻昆明联大的南开主要人员前往重庆，共同研究复校行动。最后决定，大学部先行派张彭春、黄钰生飞往天津察看校园情形，接收校产，筹备复校。重庆南开中学派出喻传鉴、丁辅仁、王九苓等高层人员，直接赴天津筹备复校。临行前，张伯苓对负责具体工作的丁辅仁说：“你们扛着这面南开的大旗去干吧！”

此言不虚，丁辅仁刚到天津的时候，南开中学仅剩几座残破不堪的楼房，大礼堂被炸得千疮百孔，图书馆干脆成了日军的马棚。但仅过几个月，一切都修理得焕然一新。同时，又在甘肃路接收了一所日本人办的女校，作为女中部宿舍，一切教学设备等都重新置办齐全。当年 10 月 17 日，南开中学举行开学典礼，南开校旗伴随一个“新生命”，又在校园内竖起。

1946 年 4 月 9 日，国民政府教育部宣布南开大学改为“国立”，共拨付西南联大复校经费 30 亿元，南开分得 8 亿，北大得 10 亿，清华为 12 亿。这个数字，南开师生认为自己有点儿少，北大、清华师生则认为按联大人数比例，南开分得有点儿多，此问题曾引起过一阵热议。

同年 4 月 23 日，教育部电令北大、清华、南开三校恢复原校，分别迁回北平与天津原址继续办学。5 月 4 日，梅贻琦代表联大常委会，宣布西南联大就地结束。

三校师生及眷属四五千人，自西南边陲昆明重返平津。经“国府”当局与校友共同努力，所属人员搭载各类交通工具，水、陆、空并进，总算如期安全到达目的地。南开大学部因被明令为“国立”，遂以政府拨款整修被敌人毁坏的校园建筑及购买附属设施。同时，天津市政在市内甘肃路拨给原日本人办的学校一所，作为南开大学院区，招生开学。待到年底，一切重新步入正轨。不绝的弦歌，再度在八里台南开校园响起。

## 考试院院长内幕

抗战后期，张伯苓因年事已高，加之日夜操劳奔波，患上了摄护腺胀大病，时常尿血，小便不通，虽经几次手术治疗，依然未能痊愈。抗战胜利后，张伯苓病情加剧，终致卧床不起，便决定呈报国民政府赴美治疗。蒋介石予以批准，并批示由国库拨给1万美元医疗外汇。张伯苓由长子锡禄陪同，于1945年冬赴美国治疗。到美后，手术非

1946 年身着美国哥伦比亚大学博士服的张伯苓

常顺利，全部摄护腺切除后，张伯苓很快便恢复了健康。

张伯苓赴美治病的消息传出，很多人前去探望、拜访。鉴于张氏在中国教育事业的巨大成就与实干精神，其母校哥伦比亚大学决定授予其名誉博士学位。6 月 4 日，授予仪式在哥伦比亚大学第 192 次毕业典礼上举行。这是张伯苓继 1919 年获得上海圣约翰大学名誉博士学位后，第二次获得此类殊荣。

1946 年 12 月 18 日，张伯苓一行由美乘船返国抵达上海码头。时任上海市市长的吴国桢受蒋介石委派，与南开校友近百人到码头迎接。之后，张伯苓乘火车返回天津，南开师生与天津各界人士近万人集聚火车站，迎接这位阔别家乡十年的教育家。时为 1947 年春，张伯苓 72 岁。

张伯苓一到南开，似乎恢复了青春，雄心不减当年，在主持恢复南开大学、中学、女中各项工作的同时，与学校高层再度商量发展办法。

1948 年 3 月至 5 月，国民政府取消参

1946 年 12 月，张伯苓由美国抵上海，时任上海市市长的南开中学校友吴国桢率南开校友欢迎

议会，召开“行宪国民大会”，选举蒋介石为中华民国总统，稍后政府改组，推选五院院长。时任考试院院长一职的戴季陶突然愤而辞职，各党派开始争夺此一位子。就任总统的蒋介石厌恶之中便想把德高望重的张伯苓抬出来，以压制群殴的宵小。于是，他连拍三封急电到天津南开，请张伯苓出山就任国民政府考试院院长一职，并命时任天津市市长的杜建时前往促驾。

杜建时得令不敢怠慢，立即驱车来到南开面见张伯苓。张伯苓接过电报，沉思良久，以平和的语气对杜建时说道："我不愿做这些事。黎元洪当总统时曾约我当教育总长，说什么我也不干。"又说："我是办教育的，还是办教育的好。"[3]

杜建时劝说无功而返，蒋介石于是命考试院铨叙部司长马国琳，持他的亲笔信前往天津面见张伯苓，催他速去南京就职。信的大意是：行宪之后，教育部划归考试院管束，请先生为全国教育事业设想，再多尽一份责任云云。据张锡祚说："正是'君子可欺以其方'，这中间还有一段内情要叙明。"[4]大意是，南开大学改为国立后，一切经费都要教育部拨给，而每次拨发数目有限，大学无法发展，连维持现状都很艰难。而南开大学经日军轰炸，毁坏严重，要想恢复原状，非需一大笔款子不可。张伯苓每次到南京面见蒋介石，蒋坚持他那一句"有中国就有南开"的承诺，令教育部拨款。但教育部部长朱家骅处处掣肘，使出各种招数拖着不办，明显给张伯苓施以颜色。张伯苓深知此中过节来源于抗战时期，朱家骅的儿子在重庆南开中学读书，因不遵校规又屡教不改，被校方开除。此一做法不啻给朱一个耳光，令其面子极为难堪。因而，朱对张伯苓与南开学校当局耿耿于怀，凡事必欲以自己的权力挤兑、要挟，而张伯苓心知肚明又不好向蒋介石说明内情，只有打掉牙和血吞，苦熬硬撑。

而如今，见蒋信中如此言之，教育部划归考试院，正击中张伯苓欲为南开摆脱困境的要害或者说是“软肋”。假如自己出任这个考试院院长，朱家骅就成为一个下属，南开的一切问题都迎刃而解。想到这里，张伯苓有些心动，但亦不敢轻下决定，一时犹豫不决。

马国琳见此情形，致电南京汇报一切。未几，张伯苓接到蒋介石侍从室主任陈布雷劝电，内有“我公不出，将置介公于万难之地”云云，张伯苓沉思良久，终于答应就任，但随附三个条件：

一、只同意担任考试院院长三个月；

二、南开大学校长一职，还要兼着；

三、要请沈鸿烈担任考试院铨叙部部长。[5]

南京当局接电，自是应允。6月16日，蒋介石主持中政会，亲自提名张伯苓为考试院院长，获通过。消息发布，张伯苓打点行装南下赴任。

7月2日，张伯苓召开校务会议，说明南京方面的恳请经过，及自己进退两难的苦衷，最后表示道："出掌考试院，恳辞不获，只得应命。"[6]会上，张伯苓对校务工作做了安排，决定在自己因公离校期间，以杨石先、陈序经、黄钰生为校务委员，杨石先代理校务，电告教育部。同时致信已经脱离南开、正在美国讲学的南开经济研究所原所长何廉，请其速归主持校务。最后，张伯苓深情地说："学校为个人终身事业，决不脱离，望同仁本既往精神，合作一致，为校努力。"[7]

7月6日，蒋介石派刚卸任不久的行政院院长张群借乘专机赴北方之便，接张伯苓飞抵南京。10日上午，张伯苓在南京考试院礼堂举行新旧院长交接仪式。如此这般，72岁的新院长张伯苓，取代了59岁的老院长戴季陶，成为民国政治的一大趣事。

张伯苓就任考试院院长，教育部部长朱家骅立即放出反击大招，对其兼任“国立”南开大学校长提出异议。此前国民政府行政院有一规定，凡国家公务人员，不得兼任“国立大学”校长。抗战胜利之初，北大校长蒋梦麟加入新组建的宋子文内阁，出任行政院秘书长。蒋氏的行为引发北大同人傅斯年、郑天挺、周炳琳等强烈不满，在各方舆论和教育部部长朱家骅重压下，蒋梦麟不得不辞去北大校长一职。但张伯苓与蒋梦麟似有不同，一是张伯苓在上任前就明确表示自己的三条主张，即考试院院长兼南开校长，三个月后辞去院长重回南开主持校务。这一切都经蒋介石同意并签字画押的，自异于蒋。

9月，在美国的何廉回到南京，并与张伯苓、朱家骅等见面，就南开校长问题予以磋商，朱家骅答应张伯苓的“国立”南开大学校长位子保持至三个月后。但想不到第二天，《中央日报》以及天津各大报，以大字标题登载张伯苓辞去南开大学校长职务、何廉继任南开大学校长的消息。张伯苓一看，顿时目瞪口呆，全校教师甚至部分学生亦大为惊讶，何廉更是惊得不知所措。正在众人懵懂之际，南开校方接到教育部公文：

三十七年十月十三日本院（行政院）第廿十次会议决议：国立南开大学校长张伯苓呈请辞职，应予免职。任命何廉为国立南开大学代理校长。[8]

张伯苓被朱家骅暗地里摆了一道，可谓一剑封喉。自此，张伯苓失去做了三十年南开大学校长的事业，而南开大学则失去了哺育这所学校的一代教育家张伯苓。

## 拒飞台湾

失去了南开大学校长位子的张伯苓，于

郁愤中复回南京就任考试院院长，同时找蒋介石及行政院院长翁文灏、教育部部长朱家骅等人讨说法，结果是没有说法，此事不了了之。张伯苓郁闷在胸，不吐不快，但又无人可以倾吐，实感鸷鸟不群，于是，在考试院不到三个月，便带着满腔愤懑径自离开南京，跑到重庆沙坪坝南开中学宿舍蛰伏起来。蒋介石等发现张伯苓突然不见踪影，急派人打听，方知他已避到重庆去了。国民政府一帮大员发电催张回归，但张伯苓咬定青山不放松，既不回应，也不离开，反而打电报让在天津的夫人和儿媳来陪伴他。

1948 年底，淮海战场的国民党军队全线崩溃，北平解放在即，国民党败局已定，蒋介石决定辞庙下野。在退出历史舞台之前，蒋氏通过行政院突然任命心腹干将陈诚为台湾省主席，倾全力经营台湾，为国民党撤退做准备。

1949 年 1 月 9 日，被解放军围困在淮海战场达 66 个日夜的徐州“剿总”副司令杜聿明，向蒋介石发出了最后一封电报：“各

晚年张伯苓在重庆

部队已混乱，无法维持到明天，只有当晚分头突围。”[9]是夜，国共两军展开激战，国民党军队全面溃败。

1月15日，天津解放，北平已成孤城。

1月22日，驻守北平的“剿总”司令傅作义，根据北平和平协议，率领25万余军队出城，至指定地点听候解放军改编。1月31日，北平和平解放。

4月23日，崩溃的国民政府南迁广州。24日，南京解放。

10月1日，毛泽东在北京天安门城楼上宣告中华人民共和国中央人民政府成立。时正在广州与国民党军政大员策划阻止解放军进击的蒋介石，闻之只能“忧虑党国，不知何以为计”[10]。

10月14日，在解放军的隆隆炮声中，广州解放，“国民政府”再迁重庆，此前宣称下野的蒋介石随之出山，在台湾与重庆之间布置、指挥战事，并度过了他在大陆最后一个生日——他的63岁生辰。

眼看重庆解放在即，国民党内部人心惶惶，只得着手将政权由重庆移迁台湾，蒋意识到此为最后一次大规模移迁机会。就在蒋介石与蒋经国父子即将离开重庆时，老蒋想到了张伯苓，他先后两次到沙坪坝南开中学探视，催请张伯苓携全家去台湾。张伯苓表示自己年老多病，走不了，并请辞去考试院院长一职。蒋未允，并劝告说："坐飞机如果怕累，可以在飞机上放两张帆布床，张先生和夫人可以睡在床上飞走，到了台湾，无论住处或是生活，都可有办法，儿媳和孙子们都可以带去。"[11] 但张伯苓始终未应。

据张锡祚回忆说："蒋氏第二次来时，态度表示得非常恳切，只要肯走，什么条件都可以答应。先生只是低着头不说话，和蒋氏默默地相对着，坐了很长一段时间，一个坚决地劝走，一个坚决地不肯走。王夫人虽是一个旧式妇女，但是平时遇事最有胆识，能做决断。她见到这个不可解的局面，当时出来向蒋氏说道：'蒋先生，他老了！又有病！应该退休了！他做不了什么事啦！你叫他辞职吧！'蒋氏答道：'张先生如要退休，可以到国外去休养，一切生活等等我都可以给想办法，夫人一同去，儿子孙子们都可一同去，愿去台湾也可以，愿去美国也可以，和仲述先生一同住不好吗？'王夫人答道：'我们的三个儿子都在天津和北平了，我们哪里也不去！他舍不得南开学校，舍不得儿

张伯苓夫妇在重庆南开中学津南村

子，你叫他辞职吧！’蒋氏当时没提防王夫人这么一段坚决的言词，被说得无话可答。沉默了一会儿，站起身来告辞，先生送到门外，又站了好半晌，两人相对着没说一句话，最后才走向车前，由侍从给打开汽车门，蒋氏在上车时，因为心里有事没当心，一头撞在汽车门框上，先生一惊，急问：‘撞得怎样了？’蒋氏用手摸着头，歇了好半天，才答应出来道：‘不要紧，不要紧。’就这么不愉快地走了。又过了两天，送来一封公文，批准辞去考试院院长职务，先生这才一块石头落了地，欢喜不尽。”[12]

蒋介石告辞后并未死心，又派儿子蒋经国前来劝张伯苓离开重庆赴台，说张先生腰不好，给留下一架飞机，可以用担架抬上飞机，家属们可乘一架飞机，几时想走就几时走，但张伯苓还是委婉地拒绝了。

11 月 30 日，重庆解放，蒋介石再也顾不得张伯苓是走是留，偕蒋经国乘机逃往成都。

12 月 7 日，新任“行政院院长”阎锡山，率领包括“中央研究院”在内的“国民政府”

各机构，从成都逃往台湾，“政府”迁台声明当天对外发表。

12月10日下午2时，蒋介石带着儿子蒋经国，在瑟瑟寒风中，从成都凤凰山机场起飞逃往台湾。此时的蒋介石没有想到，此一去，他无论是对张伯苓还是对大陆，已成永诀。

## 最后岁月

1950年春的一天，晚饭后，张伯苓独自一人坐在沙坪坝南开中学寓所门前闲眺，忽然口角㖞斜，嘴里流出涎沫来。王夫人看到，急唤儿媳帮同搀扶到房里，躺了几天才渐渐恢复过来。据儿子张锡祚说：“这是第一次患中风症。”[13]

同年5月4日，中华人民共和国政务院总理周恩来派专机赴重庆，接张伯苓夫妇及家人飞北京，张伯苓自此告别了倾注了无数心血和人生梦想的沙坪坝南开中学。到北京后，张氏一家暂住新任水利部部长傅作义位

津南村 4 号，张伯苓在重庆南开中学的故居（1937—1950）

于西城小酱坊胡同的住宅。其间，周恩来、傅作义、竺可桢、陶孟和、吴有训、梅兰芳，以及南开负责人黄钰生等前来探望，并与老校长交谈时局变化。张伯苓心中激动，想早一点儿回到天津，看一眼南开现状。在傅宅苦苦等待了 4 个月之后，终于得到消息，可以回天津了。张伯苓漫卷诗书喜若狂，于 9 月 15 日，携家带口回到了他魂牵梦绕的天津。

此时的天津和南开学校，早已换了人间。原来的住房，张伯苓早已捐给了红十字会，他只在大理道租了一所房子，和三子锡祚一家同住。1950 年 10 月 17 日，是南开中学创办四十六周年校庆日，也是自严、王塾馆起五十二周年纪念日。这天，吃罢早饭，张伯苓打扮一新，踌躇满志地欲出门参加南开中学校庆。当他走到院子，只见大门处快步走进一人，此人乃南开校友会会长、建筑学家阎子亨。阎氏早年毕业于南开中学，属于

张伯苓夫妇与子孙合影

张伯苓夫妇与三子张锡祚夫妇及孙辈合影。前排右一为张元龙

张伯苓的老学生与亲近之人。阎向张伯苓汇报了学校的一些情况，并委婉建议校长不要参加校庆。张伯苓听罢，心情极度失望。据张锡祚回忆，张伯苓被拒后，“独自一个人闷闷地坐在房里，默默无言地在出神，后来大学部有几位同仁来说说话，他的心情好像解开点。又过了几天是南开大学的建校纪念日，学校里来人接他去看了看，他的心情好似松开些，但是平时总像是有什么心事似的，郁郁不乐”[14]。

1951 年 2 月 14 日傍晚 6 时左右，张伯苓再次突发口角㖞斜，左臂麻木。家人见状，立即将其扶到床上躺下，时张伯苓神志尚清醒，但已不能说话。家人急忙请医生前来救治，诊断为脑栓塞，治愈希望渺茫，且因喉咙麻痹，张伯苓已不能进食，精神日渐衰弱，虽行鼻饲法维持生命，终究支持不久。延至 2 月 23 日傍晚 6 时半，一代教育家张伯苓溘然长逝，终年 76 岁。

在张伯苓生命垂危之际，南开校友会会长阎子亨提议代张伯苓立遗嘱。黄钰生获大

晚年回到天津的张伯苓与校友合影

家公推代笔，遗嘱经黄钰生草就之后，由南开大学中文系教授张清常润色并定稿。遗嘱全文如下：

一八九七年，余愤于帝国主义之侵略，因严范孙先生之启发，从事教育，五十年来，矢志未渝。凡余所尝致力而未逮之科学教育，健康教育，爱国教育，以允公允能，日新月异，与我同学共勉者，今将在人民政府之下，一一见诸实施。余所尝效力之南开大学，南开中学，重庆南开中学，在人民政府之下，亦将积极改造，迅速发展。今日之人民政府为中国前所未有之廉洁良好政府，其发展生产、友好苏联之政策，实为高瞻远瞩，英明正确之政策。凡我友好同学，

晚年张伯苓

尤宜竭尽所能，合群团结，为公为国，拥护人民政府，以建设富强康乐之新中国。无限光明远景，余将含笑待之。友好同学，务共努力。

1951年2月26日，《天津日报》以《前南开学校校长张伯苓病逝，遗嘱友好同学拥护人民政府》为题，刊载了张伯苓的这份遗嘱。

张伯苓去世后，周恩来得讯，立即从北京驱车赶往天津张寓吊唁，并送花圈。同时哀叹先生去得太早、太快了，不及看到新中国的伟大建设和伟大的教育计划。

张伯苓遗体被葬于吴家窑永安公墓，后来因该地建设，迁到津东杨家台张氏祖坟安葬。

2022年6月，我在天津见到了张伯苓之孙、张锡祚之子——天津市工商联原会长张元龙。那时，举世瞩目的南开大学百年校庆的光辉犹在，万千师生复诵张伯苓振聋发聩之“爱国三问”的余音犹闻，而张伯苓的骨灰也早已迁葬南开大学。此前，在我对张伯苓以及南开学校历史的搜寻访问中，不少当时的亲历者、之后的亲闻者，有的为他政治上的“错误”惋惜，有的为他欠公允的待遇叹息，而都觉得，张伯苓的晚年不啻是一个悲剧。甚至到1979年，南开大学六十周年校庆纪念册上，竟无张伯苓的名字。

当我向张元龙先生问起这个问题时，他对所谓“悲剧”的说法颇不以为然。他说，在我的心目中，祖父就像是海明威笔下笃信“人可以被毁灭，不可以被击败”的老渔夫，与命运抗争，与环境搏斗，即使最后只剩下巨大却空空的骸骨，也要做一个誓死捍卫“人的灵魂的尊严”的胜利者。而这才是伯苓先生真正有价值的励志故事。当年，面临世纪变局之际，他决定——不走、不言、不弃，注重留德的初心，不重形式的所有。在伯苓先生最后的日子里，他以一贯的坚定态度表示：“从事教育，五十年来，矢志未渝。”“积半个世纪办学之经验，我更加相信，在学生中提倡‘公能’是没有错的 。”至此，他求仁而得仁，又何怨？又何冤？又何悲？历史当时虽然没有再给他时间，但最终却给他留了空间——1986年南开大学简介的小册子上，张伯苓之名及照片复见。这一切，皆因他选择了自己一生的信念之所在——南开。

正是：

临老三回值乱离，蔡威泪尽血犹垂。
众生颠倒诚何说，残命维持转自疑。
去眼池台成永诀，销魂巷陌记当时。
北归一梦原知短，如此匆匆更可悲。[16]

南开，南开，一座被海内外学人敬仰的巍巍学府，并未随着张伯苓的离去而停止求索，代代师生必将谨遵公能校训，将“南开精神”传承下去！发扬光大！

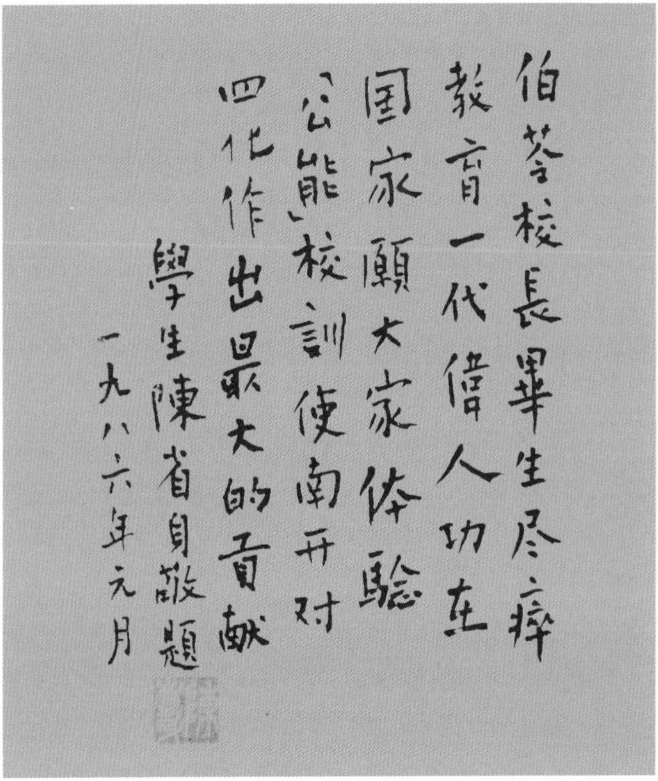


陈省身为张伯苓校长 110 周年诞辰题词

参考文献

[1] 梁吉生 . 张伯苓年谱长编 [M]. 北京：人民教育出版社，2009.

[2] 王作化，王晋阳 . 第一个报道日本正式签字投降的中国记者 [J]. 纵横，2005，9.

[3] 杜建时 . 蒋介石拉拢张伯苓的经过 [M]// 中国人民政治协商会议天津市委员会文史资料研究委员会 . 天津文史资料选辑（第八辑）. 天津：天津人民出版社，1980.

[4][5][6] 张锡祚 . 先父张伯苓先生传略 [M]. 天津：南开大学出版社，2016.

[7][8] 南开大学档案馆档案 .

[9] 李勇，张仲田 . 蒋介石年谱 [M]. 北京：中共党史出版社，1995.

[10] 秦孝仪纂 . 总统蒋公大事长编 [M]. 台北：中山图书公司，1968.

[11][12][13][14][15] 同 [4].

[16] 陈寅恪 . 戊子阳历十二月十五日于北平中南海公园勤政殿门前登车至南苑乘飞机途中作并寄系友 [M]// 陈美延，陈流求编 . 陈寅恪诗集 . 北京：清华大学出版社，1993.

感谢天津市张伯苓研究会为本书提供图片。

因年代久远，部分影像欠清晰，请读者见谅！

# 后记

一座城市的文化名人、历史遗迹、自然风物，是城市生命的一部分。

天津拥有600多年的建城史，既有辉煌的历史，又有广阔的发展前景，是一座古老又年轻的城市。百年中国看天津，近代天津人才辈出、群星璀璨，对天津乃至中国影响深远。

“阅读天津·群星”汇集了十册天津历史上的前辈大师的传记——严复、梁启超、张伯苓、李叔同、周叔弢、杨石先、曹禺、陈省身、孙犁、马三立，他们在思想、教育、艺术、实业、科技、文学等不同领域，反映了天津城市精神的高度和深度。

当梁启超在饮冰室伏案疾书，笔毫轻柔，却策动轰轰烈烈的护国运动；当张伯苓在南开大学始业式上提出“爱国三问”，话语平实，却激荡全国学子自强图存的爱国情怀；当陈省身坐在轮椅上为本科生讲授微积分，满头银发，却思维敏锐地点拨着中国数学的未来人才；当马三立上台三两句话就引得众人捧腹大笑，轻声细语，却道出老百姓的喜怒哀乐和生活精髓……

“阅读天津”系列丛书的策划、创作、出版过程，凝结着众多关心热爱天津这座城市的人的心血。此前发布的“津渡”一辑以海河为切入点，让读者犹如乘舟顺水而下，遍览一部流动的城市史诗。“群星”一辑则是为十位大先生立传，也是为这座城市立传。他们在各自领域成就斐然，是天津精神的集中体现。讲述大先生的生活经历和思想轨迹，也是在讲述大先生之于当代人的意义——高山仰止，景行行止！

编辑出版“群星”的过程是我们对中华优秀传统文化进行通俗化阐释的一次尝试，旨在进一步突出天津这座城市鲜明独特的文化内涵，让更多的朋友再次发现天津的城市魅力，通过阅读天津，进一步认识天津、热爱天津。为了延续“津渡”一辑的热度，高质量出版“群星”小辑，我们约请了多位颇具创作实力的撰写者参与创作：赵白生、徐凤文、岳南、康蚂、于霁丹、韩石山、杨一丹、李扬、张国、张莉、马六甲。这些创作者中既有长期从事相关研究的学者，也有文采卓然的专业作家，还有传主的家属。各位作者从不同角度对十位大先生的人生经历进行了深入浅出的解读，通过对人物的挖掘，彰显了近现代天津独具风韵的人文精神。

最后，感谢中共天津市委宣传部为本书出版进行的谋划指导，帮助鼓励我们打造文化品牌，出版津版好书；感谢罗澍伟、谭汝为等专家学者为我们提供学术支持，修正内容细节；感谢“群星”的作者、设计师、摄影师以及每一位为本书出版付出努力的人。当然，最应该感谢的是我们的读者，正因有这些天津故事的阅读者、传播者，才有了天津文化的不竭源流。期待能够以书籍为桥梁，与广大读者一起领略“群星”闪耀的天津风采，共同见证这座古老而又年轻的城市在新的历史坐标上绽放光华。

“阅读天津”系列口袋书出版项目组

2023年11月